Rock · Die Umwelt ist uns anvertraut

**Sachbücher zu Fragen
des christlichen Glaubens**

Martin Rock

Die Umwelt ist uns anvertraut

Matthias-Grünewald Verlag · Mainz

CIP-Kurztitelaufnahme der Deutschen Bibliothek

Rock, Martin:
Die Umwelt ist uns anvertraut / Martin Rock. —
Mainz : Matthias-Grünewald-Verlag, 1987.
   (Sachbücher zu Fragen des christlichen Glaubens)
   ISBN 3-7867-1278-6

2. Auflage 1989
© 1987 Matthias-Grünewald-Verlag, Mainz
Umschlag: Peter Offenberg Grafik (unter Verwendung
von Fotos von Volkmann/present,
Werner H. Müller, Stuttgart,
Christof Sonderegger, Rheineck/SG)
Gestaltung: Irene Beyer
Satz: Studio für Fotosatz, Ingelheim
Druck und Bindung: Druckhaus Darmstadt GmbH
ISBN 3-7867-1278-6

Inhalt

Vorwort

Seit Jahren liefert das Umweltproblem schier unerschöpflichen Diskussionsstoff. Es gehört zu jenen Themen, die „in" sind. Erfolgen ohnedies noch schwerwiegende Anschläge auf unsere Umwelt wie während des Jahres 1986 im Fall Tschernobyl und der giftigen Attacke auf den Rhein, dann wird die ökologische Auseinandersetzung hochgepeitscht. Daß man unter dem Schock derartiger Katastrophen nach technischen Sicherheitsmaßnahmen, nach politischen Initiativen und gesetzlichen Verboten ruft, ist verständlich. Dabei besteht jedoch die Gefahr, den eigentlichen Hintergrund der ökologischen Krise zu verkennen. Er liegt nämlich auf der moralischen Ebene: offensichtlich beherrscht die Menschheit nicht den richtigen Stil des Umgangs mit der Natur. Das Verhalten sowohl einzelner Personen als auch industrieller Unternehmen zeugt bisweilen von erschreckender Verantwortungslosigkeit; wo aber Verantwortung gefragt ist, haben wir es mit Ethik zu tun, nicht mit der Frage, was kann man, sondern was darf man. Der Erfolg des Umweltschutzes hängt von zwei Voraussetzungen ab: ob sich die Menschen ökologisch gewis-

senhaft verhalten und ob die dem Gemeinwohl (z. B. der Reinhaltung von Wasser und Luft) verpflichtete politische Führung auf dem Gesetzesweg Umweltverantwortung erzwingt. Aber läßt sich Verantwortung überhaupt verordnen und erzwingen? Was nützen Störfallverordnungen, wenn die Verursacher von Störungen ein gestörtes ökologisches Gewissen haben?

Die feste Überzeugung, daß der Kampf gegen Umweltverwüstung auf dem Feld des privaten und sozialen Ethos entschieden wird, bewog den Verfasser zur Auswahl der thematischen Schwerpunkte. Er geht zuerst mal der Frage nach, auf welchen Wegen (und Umwegen) Menschen erfahrungsgemäß zu Umweltbewußtsein kommen können. Dann erfolgt eine Begriffserklärung, wobei sich zeigt: „Umwelt" ist inhaltsleerer als „Ökologie". Daß diese keinen Widerspruch zur „Ökonomie" bedeutet, d. h. daß sich Umweltschutz und Wirtschaft(en) nicht ausschließen müssen, wird am Beispiel der Landwirtschaft illustriert, in welcher ökonomische und ökologische Leistungen optimal zusammenspielen können. Sofern Umweltschutz Schutz der

Schöpfung besagt, muß der Sinn des biblischen Auftrags, „die Erde untertan zu machen", erschlossen werden. Da geht es um das Gebot, in die Natur einzugreifen, sie zugleich aber behutsam zu schützen und besonnen zu hegen. Der Mensch ist verpflichtet, treuer Verwalter und besorgter Anwalt der irdischen Behausung zu sein. Sofern der Mensch dieser Betreuungsaufgabe nicht nachkommt, bringt er die Umwelt in eine Krise, die sich im Grunde als Innenweltkrise entpuppt. Wer Umwelt schützen will, muß Sinn haben für Schönheiten der Natur und darf sie nicht einfach als materielle Konsumware vernutzen.

Die Eckpfeiler des ökologischen Ethos sind die vier „Kardinaltugenden". „Klugheit" bedeutet die weise Erkenntnis: Ohne Zukunft der Natur keine Zukunft der Menschheit; zur „Gerechtigkeit" gehört das Recht auf atembare Luft, trinkbares Wasser und schöne Landschaft; ohne „Tapferkeit" fehlt der Mut, das ökologische Problem anzupacken; „Zucht und Maß" befähigen zu einem Lebensstil, der unsere Natur nicht übernutzt oder gar ausbeutet. Zur Entlastung der Umwelt kann (und muß) sowohl der einzelne als auch die Gemeinde (Familie, Wohngemeinde, Kirchengemeinde) einen entscheidenden Beitrag leisten.

Der Verfasser will folgende zwei Hauptziele erreichen:
1. den Prozeß ökologischer Bewußtseinsbildung fördern,
2. eine ethische Orientierung im Umgang mit Umwelt und Natur anbieten.

Die folgenden Überlegungen können sowohl persönlich bedacht als auch in der öffentlichen Bildungsarbeit, im Schulunterricht (Sozialkunde, Religion, Biologie) und in der pastoralen Verkündigung aufgegriffen, reflektiert und diskutiert werden.

I. Die Krise der Umwelt

1. Jetzt verstehe ich das ökologische Problem

Von Umweltbewußtsein ist in unseren Tagen sehr oft die Rede.

Angesichts des schon inflatorischen Gebrauchs dieses Wortes kann ein gewisser Verdruß aufkommen. Mit penetranter Regelmäßigkeit werden wir in der Presse, in Funk und Fernsehen, in der politischen Tagesdiskussion mit Dingen konfrontiert, die mit dem Thema Umwelt zu tun haben. Kein Tag vergeht, an dem nicht irgendeine einschlägige Meldung in der Tagespresse erscheint. Der Verfasser hat dieses „Experiment" über einige Wochen gemacht und herausgebracht: Die ökologische Thematik ist allgegenwärtig im politischen, im wirtschaftlichen, im feuilletonistischen Teil der Tagesjournalistik.

Ich verstehe auch, daß der eine oder andere meint, er könne das Wort Umwelt- und Naturschutz überhaupt nicht mehr hören; dieses ökologische Gerede geht manchen allmählich auf die Nerven. Die Konsequenz: Diese Menschen schalten ab und wenden sich anderen Themenbereichen zu. Eine solche Trotzreaktion ist zwar begreiflich, bringt aber keine positive Lösung des Problems Umwelt, das uns ins Haus steht, ob wir wollen oder nicht! Mit Verharmlosen und Verdrängen ist es nicht getan. Wir alle müssen uns der Herausforderung stellen! Weder Flucht noch Vernledlichung helfen weiter.

Wie eignen wir uns das so viel gerühmte und leidenschaftlich beschworene Umweltbewußtsein an? Dieses zu gewinnen dürfte zumal Christen am Herzen (nicht nur am Verstand) liegen. Sie, die Umwelt und Natur als Schöpfung Gottes betrachten, müssen jenes Umweltbewußtsein wesentlich als Schöpfungsbewußtsein verstehen. Wir müssen soweit kommen, daß mit Fug und Recht gesagt werden kann: Alle reden von Umweltbewußtsein — wir haben es!

Nun erhebt sich die Frage: Wie soll dieses Ziel erreicht werden? Welche Wege können dahin führen?

Im folgenden Abschnitt will ich ganz einfach solche „Wege" aufzeigen. Es liegt mir weniger an einer systematischen Gliederung. Warum soll man ein Phänomen, das doch meist ganz natürlich, ziemlich unbewußt, ohne große Überlegung aufscheint, in das Prokrustesbett einer mehr oder weniger künstlichen Klassifizierung pressen?

Zu zeigen ist, bei welchen Gelegenheiten unseres täglichen Lebens uns aufgehen mag (bzw. könnte): Jetzt werde ich mir der Bedeutung von Umwelt und Natur bewußt; nun verstehe ich, was Umwelt für uns Menschen bedeutet; da bin ich jedenfalls auf dem Weg zum Umweltbewußtsein.

Der Badesee

Kinder in Ferienstimmung machen sich auf, um baden zu gehen; von ihren Eltern sind sie auf einen See oder Teich hingewiesen worden. Nun treffen sie am Ziel ihrer Sehnsucht ein, müssen jedoch schon beim ersten Blick feststellen, daß das Wasser kaum zu einem erfrischenden Bad einlädt, weil es verschmutzt ist. Entweder lassen sie dann ganz von ihrem Vorhaben ab, oder sie wagen sich doch ins Wasser, allerdings ohne besonde-

ren Spaß. Von Badevergnügen kann keine Rede sein.

Auf diese Weise bekommen die Betroffenen ein „Bild" von Umweltverschmutzung in Form von Wasserverschmutzung. Sie stellen fest, daß da etwas nicht in Ordnung ist. Wenn sie dann von der Belastung unserer Seen lesen oder hören, kommt ihnen das Bade-Erlebnis in Erinnerung: Sie machten persönliche Erfahrungen, die sie beunruhigt haben.

Die verstaubte Bank

Ein Rentnerehepaar sucht im Freien eine Bank. Da finden sie nun eine Sitzgelegenheit, müssen aber zunächst eine Staubschicht wegwischen. Sie ärgern sich und denken über die Ursache nach. Während sie ausruhen und sich die Gegend betrachten, sehen sie gigantische Industrieanlagen, die sie als Verursacher dieser Umweltbelastung ausmachen. Fortan wissen sie etwas damit anzufangen, wenn von Beeinträchtigung unserer Umwelt durch großtechnische Anlagen die Rede ist. An „Stäuben" ist ihnen zum ersten Mal das Bewußtsein von Umweltbelastung aufgegangen.

Der Katzenfreund

Katzenfreunde leben mit ihren Tieren so eng zusammen, daß sie diese in all ihren Lebensgewohnheiten studieren und besser kennenlernen. Katzen sind ja mit Sinnesorganen und Instinkt besonders reich ausgestattet. Der intensiv beobachtende Umgang mit „seiner" Katze ist möglicherweise für jemand der Anstoß, daß man die Bedeutung des gesamten Tierreiches erkennt. Wer die Katze als „Partner" (jedenfalls als „geselligen", intelligen-

ten, raffinierten und drolligen Spielgefährten) betrachtet, gelangt von daher zum Bewußtsein der Vielfalt des Tierreiches (wilde und gezähmte Tiere zusammen). In diesem Fall mag sich das spezifische zoologische Bewußtsein, die „feline" Betroffenheit und Sensibilität zum ökologischen Bewußtsein ausweiten. Aufgrund persönlichen Umgangs und individueller Kontakte wird ein „Katzenliebhaber" dafür aufgeschlossen sein, bei Experimenten unnötige Quälereien von Tieren zu unterbinden.

Auf dem Wochenmarkt

Eine Hausfrau geht über den Wochenmarkt, um Lebensmittel einzukaufen. Es fällt ihr auf, daß da eine Bäuerin eigens auf einem Schild vermerkt, das von ihr angebotene Obst sei ungespritzt. Sie stellt allerdings gleich fest, daß die an anderen Ständen verkauften Äpfel größer und „schöner" sind. Vielleicht kauft unsere Hausfrau, um eine Probe aufs Exempel zu machen, von beiden Anbieterinnen und vergleicht zuhause die Qualität beider Erzeugnisse. Es wäre nun gerade nicht verwunderlich, wenn die Verkostung ergäbe, daß die gar nicht oder nur „gedämpft" chemisch behandelten Äpfel besser „schmecken", d.h. ein besseres Aroma haben. Diese Erfahrung gibt zu denken. Das aromatische Bewußtsein setzt einen Denkprozeß in Gang, der dann über die Problematik unserer chemotechnischen Massenproduktion von Lebensmitteln in der Landwirtschaft zum Umweltbewußtsein im Ganzen führen wird. Aromatische „Sensibilität" ist hier Anstoß zur ökologischen Sensibilität.

Ferien auf dem Bauernhof

Denen, die solche Ferien verbringen, bietet sich die Chance, das mannigfaltige Landleben und vielgestaltige bäuerliche Wirtschaften „vor Ort" kennenzulernen. Nicht selten besteht die Gelegenheit — und freundliche Einladung —, selbst Hand anzulegen: im Hof, im Stall, auf dem Feld mitzuarbeiten, sei es bei der Kartoffel-, Obst-, Getreide- oder Heuernte. Solche Direktkontakte mit „Land" vermitteln Erlebnisse, die einen anschaulichen und lebhaften Sinn für den Umgang mit Tieren, für die Arbeit an und in freier Natur

wecken. So führt „agrikulturelle" Erfahrung zu ökologischem Bewußtsein; man geht mit Boden um, wird mit dem Land vertraut, lernt die — ökologisch belangvolle — Bedeutung der Landwirtschaft kennen, bekommt einen Sinn für Wachstum, Säen, Ernten. Der wache und intensiv beobachtende Aufenthalt an der „landwirtschaftlichen Front" schärft den körperlichen und geistig-seelischen Sinn für ökologische Zusammenhänge. Weithin naturfern lebenden Stadtmenschen gelingt auf diesem Weg vielleicht die Weitung des ökologischen Horizonts. Es geht ihnen auf einmal das ganze ökologische Problem auf!

2. Religiöse Impulse für die Entfaltung eines ökologischen Bewußtseins

Psalm 104: Lobpreis des Schöpfers der Natur

Der Mensch steht staunend und voll Bewunderung vor der Schöpfung. Gott hat sie zu einem wunderbaren Ganzen geordnet, in dem allen Dingen ein ganz bestimmter Platz zukommt. Der Psalmist preist Gott, der das alles mit Weisheit geschaffen hat und am Leben erhält. Das Schöpfungswerk ist so entworfen und durchkonstruiert, daß das eine das Wachstum und Gedeihen des anderen fördert: Das Wasser aus den Bergen tränkt die Tiere; im Bergland finden die Vögel ihre Nistplätze — der Regen bewässert die Erde; diese wiederum läßt Pflanzen und Gras wachsen, die den Menschen und dem Vieh zur Nahrung dienen. Alle diese Lebensprozesse sind zeitlich geordnet, von jener Zeit bestimmt, der die Gestirne als Maß dienen.

Beim Beten, Singen oder Anhören dieses Psalms wird einem bewußt, welch ein großartiges, menschliches Begreifen und erst recht Machen übersteigendes, „ökologisches System" in der göttlichen Schöpfung angelegt ist und „funktioniert", so daß auf dieser Erde eine unermeßliche Lebensfülle herrscht, die ehrfürchtiges Staunen auslöst und die menschliche Kreatur auf die Knie zwingt.

Messe zur Aussaat

Der Schöpfer ist Herr von Säen und Ernten. Der Bauer sät im Vertrauen auf den Beistand dessen, der Wachstum und Gedeihen verleiht. Wenn der Landwirt die Ernte einholt, Heu, Getreide, Kartoffeln, Rüben, Weintrauben, Mais, Äpfel, Birnen, Pflaumen, Erdbeeren usw., weiß er sich in erster Linie dem

Schöpfer und Erhalter des Alls zu Dank verpflichtet. Diese Einstellung verträgt sich sehr wohl mit dem naturwissenschaftlich begründeten Wissen, daß Erntenkönnen von chemischen, meteorologischen, klimatologischen Faktoren und Bodenbearbeitungstechnologien abhängt. Im Gebet kommt jedoch zum Ausdruck, daß all diese „natürlichen" Voraussetzungen sich eben nicht „von selbst" verstehen, sondern letztlich dem Schöpfer anheimgestellt sind, der sie geschenkhaft gnädig gewährt und „anbietet", „gratis" offeriert. Wer den Sinn des Gebets begreift, erfaßt nicht nur agrarökologische Zusammenhänge, sondern wird auch geöffnet für die Einsicht in das übergreifende ökologische System unserer Erde und Natur, die es behutsam, pfleglich und dankbar zu betreuen gilt.

Erntedank: Feier der Beschenkung mit den Gaben der Natur

Die christliche Gemeinde dankt „für die Ernte des Jahres" und bittet: „Nähre damit unser irdisches Leben und gib uns immer das tägliche Brot, damit wir dich für deine Güte preisen" (Tagesgebet). Die Christen danken dafür, daß wir Menschen überhaupt ernten, die Gaben der Natur (und der menschlichen Lei-

stung) in Empfang nehmen dürfen. Ernten heißt Empfangen, das Gewachsene und Gereifte pflücken.

Wer das Erntedankfest in der richtigen Weise feiert, entwickelt ökologisches Bewußtsein, weil er das Gewinnen unserer Lebensmittel als Frucht (Gabe) eines ausgeglichenen Ökosystems betrachtet und vor allem auch die Lebensdienlichkeit jener Nahrungs- und Existenzmittel als „Gabe" zu schätzen weiß.

Sonnengesang des hl. Franz von Assisi

Höchster Herr, allmächtiger, guter Gott.

Dir gilt mein Lobpreis, Dir der
Ruhm und die Ehre. Dir allein gebühren
sie.
Die Würde des Menschen ist es,
Deinen Namen zu preisen.

Sei gelobt, mein Herr, um der Pracht
Deiner Werke willen, besonders für
unsere
Schwester, die Sonne, die mit ihrem Licht
uns leuchtet. Wie schön ist sie und wie
herrlich.
Mit strahlendem Glanz preist sie Dich,
Höchster.

Sei gelobt, mein Herr, um der Pracht
Deiner Werke willen, besonders für
unseren
Bruder, den Mond, für die Sterne,
die Du gemacht, zu erhellen das Dunkel
der Nacht.

Sei gelobt, mein Herr, um der Pracht
Deiner Werke willen, besonders für
unseren
Bruder, den Wind, für Luft, Gewölk
und jegliches Wetter, wodurch Du alles
Geschaffene erhältst und belebst.

Sei gelobt, mein Herr, um der Pracht
Deiner Werke willen, besonders für
unsere
Schwester, die Wasserquelle,
die nützlich ist, bescheiden, erfrischend
und rein.

Sei gelobt, mein Herr, um der Pracht
Deiner Werke willen, besonders für
unsere
Schwester, die leuchtende Flamme,
die Du erschaffen, das Kalte zu erwärmen.
Ihr Sprühen ist schön und gewaltig.

Sei gelobt, mein Herr, um der Pracht
Deiner Werke willen, besonders für
unsere
Schwester, die Erde, die Du vielerlei
Blumen und Früchte tragen läßt,
uns zu nähren.

Sei gelobt, mein Herr, für jene,
die verzeihen aus Liebe zu Dir,
die Mühsal und Elend tragen.
Sei gelobt für jene, die friedvoll dulden;
sie werden von Dir die Krone
ewigen Lebens empfangen.

Sei gelobt, mein Herr, für unseren Bruder,
den leiblichen Tod, dem kein Lebender
entrinnen kann. Selig, die Deinen Willen
gesucht haben, sie werden das
ewige Leben besitzen
und keinen zweiten Tod schauen.

Lobet und preiset, ihr Schwestern
und Brüder, den Herrn in Dankbarkeit
und dienet ihm in Freude.

Franz von Assisi: „Schwester Sonne"

Der Heilige dankt dem Schöpfer für „unsere Schwester, die Sonne, für Bruder Mond, für Schwester Quelle, für unsere Schwester, die Mutter Erde, die uns versorgt und nährt und zeitigt allerlei Frucht und farbige Blumen und Gras".
In diesen Preisungen des „Sonnengesangs" wird ein echtes irdisches „Paradies" gemalt. Der Mensch unterhält geradezu blutsverwandtschaftliche Beziehung zu seiner natürlichen Umwelt. Er ist mit allem friedvoll versöhnt; die Natur geizt nicht mit überreicher Gabenbereitung.

Der „Sonnengesang" stellt so etwas wie einen nostalgischen Schrei nach ursprünglicher heiler Welt dar.
Wer sich in diese vom hl. Franz in ekstatischer Verzückung beschriebene, besser: bejubelte idyllische Szenerie einläßt, gewinnt das Bewußtsein einer ursprünglichen Geborgenheit und Beheimatung; er bekommt Sinn für die Bruderschaft zwischen allem, was geschaffen ist. Solches Bewußtsein eines zusammengehörigen Ganzen und einer kreatürlichen Schicksalsgenossenschaft macht entscheidend das ökologische Bewußtsein aus!

3. Zum Verständnis von „Umwelt" und „Ökologie"

Nun ist das Wort Umweltbewußtsein bzw. ökologisches Bewußtsein oft genannt worden; der Leser wird jetzt wohl endlich wissen wollen, was es mit den Begriffen Umwelt bzw. Ökologie, die es in unser Bewußtsein zu rücken gilt, auf sich hat.

Was versteht man unter „Umwelt"?

Es geht hier um die gesamte Welt, die um uns Menschen herum ist, die sich um uns herum ausbreitet und den ganzen mehr oder weniger erlebbaren Lebensraum ausmacht. Der Begriff Umwelt greift weiter als der Terminus Ökologie. Mit „Umwelt" meinen wir nämlich nicht nur die „natürliche" Umwelt, die Natur als „Umgebung", sondern auch jenen Lebensraum, den wir Menschen uns „kulturell"

zurechtgemacht, an-gemessen haben. Alle kulturellen Leistungen und Einrichtungen sind von der menschlichen Vernunft gestaltete, den menschlichen Bedürfnissen angepaßte Umwelt.
Menschliche Umwelt tritt in Erscheinung:
— als reine Natur (unberührte Naturlandschaft, Seen und Meere, Naturgewalten wie Orkane),
— als künstlich veränderter, kulturell stilisierter Lebensraum (Kulturlandschaften, Parks),
— als allgemein kulturelle Umgebung (Wohnungsbehausung, landwirtschaftliche Geräte, Kochtopf, Pflug),
— als Kultur im engeren Sinn (Kathedralen, Tempel, Theater, Schulen),
— und als zivilisatorisch verfeinerte Welt (technische Geräte, die unser Leben angenehmer, leichter, bequemer machen: Waschmaschine, Kühlschrank, Auto).
Der Begriff Umwelt umfaßt demnach

schlechthin alle jene — natürlichen, naturgegebenen und künstlich erzeugten — Dinge, die sich in unserem menschlichen Umkreis finden. Neben der puren Natur (die es freilich in unseren Breiten praktisch nicht mehr, jedenfalls nicht mehr in „Reinform" gibt), haben die Menschen sich „ihre" (eigene) Welt gleichsam „auf eigene Faust" zurechtgeschnitten, quasi maßgefertigt, damit sie nicht nur einen notdürftigen, sondern einen annehmlichen, komfortablen Lebensraum gewinnen.

Wann und wo beginnt menschliche Umwelt?

Die Diskussion über Umwelt- bzw. ökologische Fragen — meist wird in der Öffentlichkeit zwischen Umwelt und Ökologie kein Unterschied gemacht — setzt durchweg an Stellen an, die mehr oder minder weit vom menschlichen Zentrum weg liegen. Wenn man vom Umweltproblem spricht, geht es doch meist um folgende Sachverhalte: verschmutzte Gewässer, mit Schadstoffen belastete Luft, Verunstaltung der Landschaft, Gefährdung der Pflanzenwelt und des Tierreiches. Als ob die uns Menschen Sorgen bereitende Umwelt irgendwo außerhalb von uns läge! Ist es nicht vielmehr so, daß unser aller Umwelt da beginnt, wo unser — vorgeburtliches — Leben anfängt? Ehe wir im Geburtsvorgang „das Licht der Welt erblicken", wie es vortrefflich heißt, verbringen wir normalerweise neun Monate im Lebensraum mütterlicher Umwelt. Diese pränatale (vorgeburtliche) Umwelt ist wichtig für das biologische und seelisch-emotionale Schicksal des von der Mutter empfangenen Kindes. Ob sie das von ihr getragene Leben bejaht oder verneint, ob sie es wohlwollend betreut oder leichtsinnig, ja böswillig veruntreut, ob sie es affektiv annimmt oder nur unwillig „erträgt" (toleriert) — davon kann für das junge Leben viel abhängen. Umweltverschmutzung — so etwas gibt es auch schon in der vorgeburtlichen Lebensphase. Beispiel: Wenn die Mutter während der Schwangerschaft sehr viel raucht oder regelmäßig Mengen von Alkohol zu sich nimmt, sich „einverleibt", dann vergiftet sie die den Embryo umgebende mütterliche Innenwelt dermaßen, daß das ihr auf Gedeih und Verderb anheimgegebene Kind Schädigungen erleidet, ehe es auf die Welt, in die nachgeburtliche „Umwelt" kommt. Ein in der Schwangerschaftszeit nicht von mütterlicher und väterlicher Zuwendung umsorgtes Kind kann jene biologischen und emotionalen Kräfte, aber auch moralischen Potentiale vermissen, die zum Aufbau einer physisch gesunden und psychisch-ethisch heilen Konstitution notwendig sind.

Dem internen Aufenthalt in mütterlicher Umwelt folgt die Begegnung mit dem „Licht der

Welt", d.h. mit den vielfältigen Lebensbedingungen auf dieser unserer irdischen und mitmenschlichen, natürlichen und kulturellen Welt bzw. Umwelt. Von der biologischen und medizinischen Wissenschaft wissen wir, wie lebensentscheidend und schicksalhaft die allerersten Eindrücke sind, die ein Kind gleich nach der Geburt aufnimmt. Nun beginnt eine neue Dimension von Umwelt: Schon dem Neugeborenen wird eine nächste Umwelt „anverleibt": *die Kleidung*. Ihre Qualität kann große Bedeutung für die Gesundheit haben; manche Hautkrankheit bzw. Anfälligkeit für Allergie rührt von unsachgemäßer Kleidung her; Kunstfaser-Stoffe können eine erste *„haut-nahe" Umweltbelastung* sein. Menschliche Umwelt, in die wir hineingeboren werden, zieht immer weitere Kreise. Wir sind „umweltet" vom Raum, in dem wir *wohnen*. Unsere Befindlichkeit, behagliche bzw. unbehagliche Gefühle hängen ab von der Wohnungseinrichtung, von der Tapetenfarbe, von der Beleuchtungsqualität usw. Der Wohnraum ist maßgeblicher Lebensraum, ist prägende Umwelt.

Außerhalb der Wohnung und inneren Behausung stößt das Kind auf außerhäusliche Umwelt: Es atmet die Luft im Freien, erlebt Landschaft. Mit zunehmendem Alter wird das Erlebnis der Umwelt bewußter; nicht nur die mitmenschlichen Beziehungen, sondern auch die zur natürlichen Umwelt bekommen Konturen. Der zur Welt gekommene Mensch kann aus der Umwelt nicht mehr aussteigen. Bei jedem Stellungswechsel „verfolgt" ihn eine jeweils andere Art von Umwelt. Im Alltag sieht das normalerweise so aus: Schlafzimmer — Bad — Toilette — Küche — Weg zur Arbeitsstätte — Arbeitsplatz — Kantine — Heimweg — Heim. Innerhalb der Freizeit ist eine mehr oder weniger freie Auswahl der Umwelt möglich. Erst recht erlaubt der Tourismus eine bewußte Umwelt-Wahl; je nach Interessen, zeitlichen Dispositionen und finanziellen Möglichkeiten entscheidet man sich für das Bereisen heimatlicher Regionen oder für den Aufbruch in ferne Länder.

Umwelterfahrung ist schließlich von beruflichen Bedingungen abhängig. Der Fließbandarbeiter, die Sekretärin, die Lehrperson, der Arzt, der Bauer — sie alle arbeiten in einer ganz verschiedenen Umwelt. Von nicht geringer Bedeutung für die Ausbildung des ökologischen (Umwelt-)Bewußtseins ist die Tatsache, daß Berufe wie Landwirt, Förster, Naturschützer, Landschaftspfleger eine andere Umwelterfahrung mit sich bringen als Tätigkeiten in einer total technischen, zubetonierten, bürokratisch verwalteten Umwelt.

Zum Komplex Umwelt gehört nicht zuletzt das, was uns täglich über die Massenmedien vor Augen geführt wird und zu Ohren kommt. Unsere Umwelt gelangt heutzutage weitgehend „vermittelt" ins Haus; eben durch das „Medium" der Massenkommunikationsmittel. Die Massenmedien liefern nahe, ferne und fernste Umweltgeschehnisse in unsere Wohnstuben. Solche Umwelt hat „künstlichen" Charakter, da sie uns auf technischem Weg, also auf einem Umweg, zugeführt wird.

„Ökologie" im naturwissenschaftlichen Verständnis

Der Begriff Ökologie ist Mitte des 19. Jahrhunderts geprägt worden, und zwar vom Biologen Ernst Haeckel (1834—1919). Damit meint er jene naturwissenschaftliche Fachrichtung, die sich mit den Beziehungen eines Lebewesens zu seiner Außen- und Umwelt befaßt. Bei der Ökologie geht es um die Erforschung der Einheit eines oder mehrerer Lebewesen mit jenem Lebensraum, der als natürliche Umwelt die Voraussetzungen garantiert, daß die biologischen Arten überhaupt leben und überleben können. Ökologisch entscheidend ist die jeweilige Umweltbedingung, z.B. die lebenswichtige Umgebung einer zoologischen Art; diese Umwelt nimmt das Tier wahr; sein Verhalten wird von ihr bestimmt.

Die Ökologie untersucht das Wirkungsgefüge zwischen Lebensgemeinschaften und ihren natürlichen Lebensräumen. Diese werden bisweilen auch mit dem Begriff Biotop bezeichnet. Eigentlich bedeutet dieses griechische Fremdwort: Ort des Lebens, Lebensstelle, Lebensstätte, den Lebensraum einer Lebensgemeinschaft von Pflanzen und Tieren. Zum Beispiel stellt unser Wald einen eigenen, selbst wieder kompliziert aufgebauten Biotop dar. Was man ökologisches System zu nennen pflegt, faßt sämtliche Biotope zusammen.

Der biologische Ökologie-Begriff betrifft all jene Bereiche der natürlichen Lebensbedingungen, deren Gesamtheit unsere natürliche Umwelt ausmacht:

— Atmosphäre (Luft, Klima),
— Hydrosphäre (Wasser, Seen, Meere, Teiche, Tümpel),
— Lithosphäre (Gesteine, Bodenarten, Landschaftsformen),
— Tier- und Pflanzenwelt.

Die allgemeine Ökologie bildet eine sämtliche Zweige der Natur-Wissenschaft verbindende Synthese. Das Ökosystem besteht in der zahllose Funktionen erfüllenden Einheit von Organismen und ihrer je spezifischen Umwelt. Gegenstand der Ökologie ist das Funktionsgefüge aus Lebensgemeinschaften und ihren Umweltfaktoren. Der Ökologe untersucht jene Vernetzungen, in der Lebewesen mit anderen biologischen Arten im Verbund stehen. Demnach muß es neben der allgemeinen Ökologie eine spezielle Ökologie geben. So erforscht die Meeresökologie

den Lebenshaushalt der Meereswelt, der marinen Umwelt; die Bodenökologie untersucht das Zusammenspiel der vielen pflanzlichen und tierischen Mikroorganismen.

Es wird deutlich, daß es der ökologischen Forschung wesentlich auf Lebens-Zusammenhänge ankommt. Gerade deswegen würde man die Rechnung ohne den Wirt machen, wenn in die Betrachtung nicht jenes Lebewesen einbezogen würde, das ein Bewußtsein von dieser Natur besitzt und sich befähigt weiß, in das ökologische System, in die natürliche Umwelt einzugreifen und Veränderungen zu bewirken. Folglich gilt es, die Wissenschaft der Ökologie aus der rein naturwissenschaftlichen Engführung herauszuführen und sie auf eine interdisziplinäre Ebene zu bringen. Ökologie ohne Anthropologie ist ein Torso, nicht einmal ein brauchbares Fragment.

Das uns heute bedrängende Umweltproblem — die ökologische Krise — konfrontiert doch mit der Frage, wie sich der Mensch der Natur gegenüber zu verhalten hat, in welchem Ausmaß er in den Naturhaushalt, das naturhafte Ökosystem, eingreifen darf. Mit dem Begriff Humanökologie wird denn auch der Notwendigkeit Rechnung getragen, die menschliche Spezies als ökologischen Faktor ins Kalkül aufzunehmen. Es wäre angebracht, nicht nur vom Biotop zu sprechen, sondern auch vom *Anthropotop*. Warum sollte man nicht diese Wortschöpfung benutzen, um damit den ökologischen „Stellenwert" des Menschen zu benennen? Das Ökosystem ist mehr als nur ein Wirkungsgefüge zwischen Tieren, Pflanzen, Bakterien und ihrer „unbelebten" Umwelt (Klima, Gestein, Boden, Wasser). Zwar hat es von sich aus die Kraft, in gewissem Maße sich selbst zu regulieren, elastisch auf Gleichgewichtsstörungen zu reagieren, Belastungen durch Schadstoffe abzubauen.

Wir wissen aber doch, daß unser ökologisches System zunehmend in Streß gerät und in seiner Generationsfähigkeit erlahmt. Warum? Weil wir Menschen einen Lebensstil pflegen, welcher der Natur immer mehr Wunden schlägt.

Es dürfte einsichtig sein, daß wir es bei der Ökologie mit einer äußerst anspruchsvollen Wissenschaft zu tun haben. Ihre überragende Bedeutung und Schwierigkeit liegt darin, daß sie „Universalwissenschaft"[1] ist. Wer den Beruf eines „Ökologen" voll erlernen und praktizieren will, muß die Begabung eines Universalgenies haben. Dieser Hinweis soll nicht den Mut nehmen, die Ökologie als Wissenschaft weiter voranzutreiben, sondern lediglich vor der kleinkarierten Meinung warnen, das ökologische Problem durch Spezialisierung lösen zu können. Auf jeden Fall darf der Blick aufs ökologische Detail — sei es eine bestimmte Landschaft, diese oder jene Tierart oder der Wald als „isolierte" Größe — den umfassenden Blick aufs Ganze nicht verdunkeln. Diese „Ansicht" der Ökoproblematik wird am ehesten freigelegt, wenn der Begriff Ökologie in seiner ursprünglichen sprachlichen Bedeutung „aufgeht".

Ökologie — Es geht um das „Wohnhaus Erde"

Ökologie ist ein Wortgebilde, dessen Inhalt in radikale Tiefen lotet und universale Zusammenhänge anzielt. Öko-Logie besagt „Logie" des „Oikos". Gemeint ist die „gedankliche Erforschung" des „Hauses". Bedeutet „Geologie" die Erforschung unserer Erde, so geht es der Ökologie um wissenschaftliche Erkundung des Hauses Erde. In diesem laufen Beziehungen mannigfaltigster Art und kompliziertester Struktur ab. Im Blickfeld steht jenes Haus, in dem wir Menschen als irdische Lebewesen behausende Unterkunft haben und beherbergende Heimat finden.

Wer sich die Umwelt, Gegenstand des modernen Umweltschutzes, als „Haus" vorstellt, begreift das ökologische Problem am ehesten. Idee und Wirklichkeit des Hauses haben nämlich zwei Eigenschaften: Ganzheit und Begrenzung. Ein Haus besteht aus mehr als aus einem einzigen Raum. Erst zusammen machen die verschiedenen Räume das aus, was man Haus nennt. In dem Moment, wo ein „Zimmer" Mängel aufweist und leidet, zieht dieser unheilvolle Zustand langsam, aber sicher alle anderen „Zimmer" in Mitleidenschaft. Sämtliche Lebens-Räume sind miteinander verbunden, auf Gedeih und Verderb. Das Wohl des (ganzen) Hauses hängt vom Wohlergehen jener Stockwerke und Einzelräume ab, die es zu einem einheitlichen Hauswesen aufbauen. Ökologie erforscht das eine Ganze und ganze Eine unseres Lebensraumes Erde, unserer irdischen Wohnstätte. Entscheidend ist der Blick für den totalen Zusammenhang des Einen und für das komplexe Gefüge des Ganzen. Alles ist mit allem verknüpft; alles hängt mit allem zusammen. Zur Ökologie gehört eben alles, was auf dieser Erde lebt und webt. Wir Menschen leben in einem subtilen Verbundsystem. Da läßt sich nichts ungestraft isolieren, da Lebendiges nur unter zahllosen wechselseitigen Abhängigkeiten existieren kann.

Ein weiteres Charakteristikum von Haus ist die Begrenzung. Die uns Menschen als irdischer Lebensraum zugewiesene Erd-Umwelt weist offensichtlich allerorten Grenzen auf. *Ökologisches Bewußtsein ist Grenzenbewußtsein.* Das Raumschiff Erde ist nicht grenzenlos belastbar; nicht nur natürliche Ressourcen wie Landschaft und Rohstoffe sind begrenzt, auch die Erde als Ganzes hat begrenzte Kapazität. An diesen vorgegebenen Grenzen muß sich die vom Menschen selbst gesetzte Begrenzung der Beanspruchung der natürlichen Umwelt messen. In sittliche Pflicht genommen ist der Mensch in seiner Eigenschaft als Haus-Halter, der das irdische Haus nicht nur notdürftig zum Überleben erhält, sondern in Ordnung hält, damit gegenwärtige und zukünftige Generationen human existieren können. Wer Umweltschutz betreibt, ist verantwortlicher Verwalter des Hauswesens Erde. Das setzt voraus, daß wir den Wert des Hauses (*oikos*) Erde zunächst überhaupt mal wahr- und ernst nehmen. Es reicht nicht aus, unsere Umwelt-Behausung teilnahmslos zu beobachten, vielmehr müssen wir den Umwelt-Haushalt als Sinnzusammenhang begreifen, als den ihn schon der Naturwissenschaftler Jakob von Uexküll (1864—1944) gewertet hat. Das ganze „ökologische" Hauswesen bleibt nur dann heil und überlebensfähig, wenn Haushalter und Haus kooperieren, und der Hausherr sich im klaren ist, daß er mit dem Haus überlebt oder mit ihm untergeht. Der Hausherr lebt und stirbt mit seinem ganzen Hauswesen. Geht es der Natur — vor lauter Überlastungen durch Schadstoffe, durch überdehnten Landschaftsverbrauch, durch Verkümmerung botanischer und zoologischer Arten — schlecht, dann geht es, wenn nicht schon heute, so doch morgen, den „Haushaltern" an den Kragen. „Das Los des Menschen ist an das Los der Natur selbst gebunden" (Teilhard de Chardin).

In diesem Zusammenhang bedenke man §1 des BundesNaturschutzgesetzes, Absatz 1: „Natur und Landschaft sind so zu schützen, zu pflegen und zu entwickeln, daß die Pflanzen- und Tierwelt sowie die Vielfalt, Eigenart und Schönheit von Natur und Landschaft als Lebensgrundlagen des Menschen und als Voraussetzung für seine Erholung in Natur und Landschaft nachhaltig gesichert sind." Erhaltung des Naturhaushalts bedeutet also Erhaltung des Haus-Halters.

Umweltbewußtsein und ökologisches Bewußtsein

Umweltbewußtsein zu haben — das sagen viele von sich; ökologisches Bewußtsein zu besitzen — das behaupten nicht wenige Zeitgenossen. Wenn man mit diesen Leuten näher ins Gespräch kommt, erkennt man allerdings bald, daß das, was sie zu haben glauben, ein unscharfes Gebilde ist. Nicht selten verwechseln sie ganz allgemeine Interessen an der Umweltthematik mit dem behaupteten Umweltbewußtsein. Wer irgendwie unbehagliche Gefühle und eine konfuse Angst empfindet, wenn er an Umweltbedrohungen denkt, bewegt sich noch nicht auf der Ebene echten Umweltbewußtseins.

Lassen wir verschiedene Möglichkeiten Revue passieren: Wer hat Umweltbewußtsein? Der Hörer bzw. Leser von Reportagen über

ökologische Katastrophen? Die durch Massenmedien in die Wohnstuben vermittelten Nachrichten über Schadstoffe in der Luft, über Smog-Alarm, über Lärmbelästigung, zu Müllhalden verkommene Badestrände, über Waldsterben, über Ölteppiche auf den Meeren, über Giftgasunfälle (vgl. in Seveso und in Indien), über Atomreaktorunfälle (vgl. Tschernobyl: April 1986), über Einleitung von Giftstoffen in Flüsse (vgl. die ökologische Bedrohung des Rheins durch die Basler Chemiefabriken Sandoz u. Ciba-Geigy: November 1986) mögen momentan schockieren, Entrüstung, ja Zorn auslösen, brauchen aber noch lange nicht Umweltbewußtsein zu zeitigen. Verbleibt die Reaktion des über derlei ökologische Mißstände Informierten auf der Stufe kurzatmiger Aufgeregtheit und kurzfristiger Emotionalisierung, dann dringt die Information nicht zur Weckung und Stabilisierung von ökologischem Bewußtsein durch. Heutzutage besteht die nicht geringe Gefahr, daß ökologisch relevante Vorfälle, zumal Unfälle zu Sensationen hochgetrimmt werden, die letztlich kaum einen Informationswert besitzen, keine Nachricht darstellen, weil man sich ja nicht danach ausrichten kann bzw. darf. Zudem kommt es im Laufe der Zeit dahin, daß die an aufgebauschte, dramatisierte und „schreiende" ökologische Sensationsmache gewöhnte Bevölkerung Überdruß am Problemgegenstand empfindet. Die Folge: Sie geht überhaupt auf Distanz oder mißt fortan solchen Meldungen keine besondere Bedeutung mehr bei. Es macht sich eine Haltung breit, die ich mit dem Stichwort *ökologische Apathie* charakterisieren möchte. Von Umweltbewußtsein bleibt keine Spur mehr! Hat jener Mensch ökologisches Bewußtsein, der sich in den juristischen Paragraphen der Abfallbeseitigungsgesetzgebung auskennt? Nicht unbedingt; dann nämlich nicht, wenn

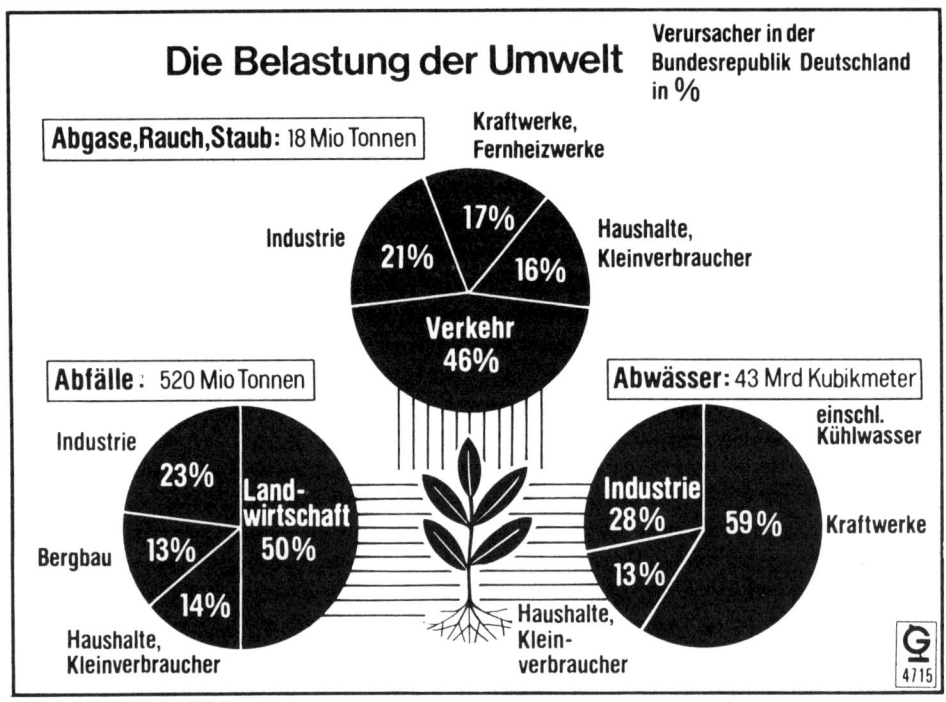

Die Belastung der Umwelt Verursacher in der Bundesrepublik Deutschland in %

Abgase, Rauch, Staub: 18 Mio Tonnen

Kraftwerke, Fernheizwerke

Industrie 21%

17%

16% Haushalte, Kleinverbraucher

Verkehr 46%

Abfälle: 520 Mio Tonnen

Industrie 23%

Land- wirtschaft 50%

Bergbau 13%

14%

Haushalte, Kleinverbraucher

Abwässer: 43 Mrd Kubikmeter

einschl. Kühlwasser

Industrie 28% 59% Kraftwerke

13%

Haushalte, Klein- verbraucher

G 4715

ein solcher Rechtsexperte selbst gar nicht daran denkt, Müllanfall möglichst niedrig zu halten oder Müllarten vorzusortieren, indem er z.B. Glas in eigens aufgestellte Container bringt und „Problemmüll" (Batterien, Medikamente) separat deponiert. Er verwaltet am Schreibtisch bürokratisch Umweltschutz, ohne existentiell betroffen zu sein. Auch für die Erfassung der ökologischen Problematik unverzichtbare naturwissenschaftliche Kenntnisse in Botanik, Zoologie, Klimakunde, Akustik können folgenlos bleiben; denn theoretisches Sich-Auskennen allein bringt noch nichts in Bewegung. Reines Bescheid-Wissen „läßt kalt". Wissen bedeutet ja keinesfalls schon Handeln. Auch denen, die sich in einer Bürgerinitiative — z.B. gegen Flugzeuglärm — engagieren, muß Umweltbewußtsein dann abgesprochen werden, wenn sie in ihrem privaten Alltagsbereich die „akustische" Umweltbelastung Lärm nicht möglichst vermeiden oder wenigstens auf niedriger Schwelle halten.

Da gibt es ja skurrile Begebenheiten: Jemand protestiert mit geballter Faust gegen eindeutig identifizierte oder nur vermutete Verursacher von Lärm — und nach Beendigung der Demonstration wirft er sein Motorrad mit abgesägtem Auspuffrohr an, um in der nachbarschaftlichen Umgebung, wo alte und kranke Mitmenschen wohnen, höchst persönlich und ganz privat ohne jede Notwendigkeit höllischen Lärm zu machen. Zeugt solches Verhalten von Umweltbewußtsein? Es gibt nur zwei Möglichkeiten: Entweder weiß derjenige, was Lärm ist, dann vermeidet er ihn, wo und wann immer möglich — oder er weiß nicht, was Lärm ist, dann kommt die engagierte Teilnahme an einer Initiative gegen Lärm einem „Witz" gleich. Er muß doch wissen, für bzw. gegen was er sich einsetzt und auf die Barrikaden geht. Es überzeugt nicht, *da* auf Lärm (der möglicherweise gar nicht vermeidbar ist) „sauer" zu reagieren — und *dort* Lärm (z.B. in Diskotheken) zu akzeptieren, ohne weiteres in Kauf zu nehmen, gar noch als „angenehm" zu betrachten.

Protestieren, Demonstrieren, Agitieren können auch Aktionen sein, um über den lauten Auftritt in der Öffentlichkeit die persönlichen, privaten, individuellen ökologischen Pflichten „vor der eigenen Haustür" zu verdrängen. Neugieriges Spekulieren auf ökologische Panikmache, bürokratische Administration, rechtliche Reglements, naturwissenschaftliche Expertise, technologisches Know-How und politische Mobilisierung (Agitation) müssen vielleicht dafür herhalten, um den die eigene Person in Anspruch nehmenden Umweltschutz-Pflichten auszuweichen. Theoretische Befassung mit dem Umweltproblem soll das klägliche Versagen im praktischen Einsatz kaschieren.

Aus diesen Überlegungen ergibt sich: Umweltbewußtsein setzt echte Betroffenheit und Überzeugung voraus, die existentielles Handeln in Gang bringen. Wer zur Entlastung der Umwelt nicht jeweils das Seine tut, ist unglaubwürdig und verwirkt das Recht, von anderen ein Verhalten zu verlangen, das er selbst nicht beispielhaft vorexerziert. Umweltbewußt sind jene Menschen, welche über die in den komplexen Begriff Umwelt (Ökologie) eingefaßten Zusammenhänge angemessen (dem Alter, der Ausbildung, dem Beruf entsprechend) Bescheid wissen und zugleich aus diesem ihrem ökologischen Wissen in ihrem persönlichen Lebensstil je und je konkrete Konsequenzen ziehen. Von allen kann nicht alles, auch nicht das gleiche gefordert werden. Alle sind aber zum Tätigwerden herausgefordert.

Die Entscheidung für die Erhaltung der Natur ist eine ethische Grundentscheidung. Die naturwissenschaftliche Ökologie hat es nicht mit dem zu tun, was sein *soll,* sondern mit dem, was ist. Ökologische Argumente sind (noch lange) keine ethischen Argumente. Ökologisches Bewußtsein ist das Zusammenwirken von Umwelt-Wissen und Umwelt-Gewissen. Wahres Umweltbewußtsein ist das zum Öko-Gewissen verlängerte und „aufgehobene" Öko-Wissen. Die bedrängenden Umweltprobleme werden nur dann in Angriff genommen und einer wirksamen Therapie unterzogen, wenn das Gewissen alarmiert, d.h. in eine heilsame Unruhe versetzt wird. Sonst bleibt es bei müßigen Diskussionen, bei gutgemeinten Projekten und zu den Akten wandernden, unverbindlichen Empfehlungen. Die Rettung ist nicht von staatlich verordneten Rezepten — gibt es die überhaupt? — zu erwarten, sondern von Umkehr eines jeden von uns. Nur wer sich selbst ändert, motiviert (bewegt) auch andere, seinem Beispiel zu folgen. Die veränderte Lebenseinstellung muß an Taten sichtbar und erlebbar werden, andernfalls ist es mit der Glaubwürdigkeit des ökologischen Pathos nicht weit her.

4. Ökologie und Ökonomie — ein unversöhnlicher Gegensatz?

Vertragen sich Umweltschutz-Interessen mit Wirtschafts-Interessen?

In der politischen Tagesdiskussion wird oft entweder behauptet oder wenigstens der Eindruck erweckt, zwischen Ökologie (Umweltschutz) einerseits und Ökonomie (Wirtschaften) andererseits bestehe ein Gegensatz, ja ein geradezu feindseliges Verhältnis. Da wird auch bisweilen die extreme Auffassung geäußert, beides zusammen lasse sich nicht verwirklichen; man müsse sich — alternativ — zwischen beiden Vorhaben entscheiden.

Freilich gibt es Konflikte, Spannungen, Reibungen zwischen denen, die für die Belange der Umwelt optieren, und denen, die auf wirtschaftlichen Gewinn setzen. Unter den Bedingungen moderner, auf Wachstum eingestellter Industriewirtschaft lassen sich die beiden „Interessen" zweifellos nicht leicht versöhnen und ausgleichen. Oft stoßen sich — wenigstens beim ersten Hinsehen — ökologische Notwendigkeiten und ökonomische Dringlichkeiten. Ökologische Projekte stellen sich nicht selten ökonomischen Vorhaben in den Weg. Beispiel: Der Wirtschaftsminister entscheidet sich für den Bau einer Autobahn; Umweltschutzbehörden hingegen wollen dieses Vorhaben stoppen, weil sie die dadurch erforderlich werdende Zweckentfremdung von Landschaft oder Wald für unzumutbar halten.

In einem so konkreten Fall politischer Entscheidung muß zwischen den jeweils geltend gemachten Interessen vermittelt werden; meistens geht es nicht so aus, daß der eine sein Vorhaben lückenlos durchsetzen kann (darf), während der andere seine Vorstellungen aufgeben muß. Ohne Kompromisse läuft da nichts.

Handelt es sich also doch um gegensätzliche, miteinander gar unverträgliche Vorhaben, wenn Umweltschützer und Ökonomen ihre je eigenen Ziele definieren und anvisieren? Der Gegensatz bzw. Widerspruch ist im Grunde ein scheinbarer. Eine theoretische Überlegung zu den in Frage stehenden Begriffen soll dies beweisen. Der Begriff Ökologie führt von selbst, „von Hause aus" zum Begriff Ökonomie. Es dreht sich ja in beiden Fällen um „Oikos", d. h. um das „Haus": Der Sinn ökologischen Denkens und Tuns leitet von sich aus zum Sinn ökonomischen Erwägens und Handelns über. In sprachlicher Sicht gibt es den immer wieder aufgerissenen Gegensatz zwischen Naturschutz einerseits und Wirtschaft(en) andererseits gar nicht. Begrifflich gehört beides zusammen. Öko-Logie erforscht die feinnervigen Strukturen des Haushalts Erde; Öko-Nomie ermittelt die Gesetze (griechisch: nomos) eben dieses Hauswesens.

Das Wort Ökonomie hat schon in der klassischen Ethik des Philosophen *Aristoteles* (384—322 v.Chr.) einen sittlichen Akzent: verantwortliche Sorge, jene Waren zu beschaffen und zu verwalten, die zum Haushalten erforderlich sind. Der „Ökonom" versteht es, ein Hauswesen zu verwalten, d.h. das Gesetz des Hauses wahrzunehmen und langfristig zu disponieren, damit die Hausbewohner nicht nur heute, sondern auch morgen Lebenschancen und Auskommen haben. Ein Ökonom berücksichtigt Haushaltsgesetze und würdigt sie gewissenhaft im praktischen Wirtschaften. Nicht von ungefähr war in der Antike der Ökonom der Verwalter eines „Gutes"; auch die Tätigkeit eines sich um die Tiere kümmernden Hirten gilt als Leistung des „Ökonomen".

Wesentliches Element von „Ökonomie" ist die *Sparsamkeit:* diese macht ja Haushalten-Können aus. In der englischen und französischen Sprache bedeuten die Eigenschaftswörter „ökonomisch" (economic — économe) „wirtschaftlich" und „sparsam" zugleich. Sparsamkeit meint haushälterischen Umgang mit den zur Verfügung stehenden knappen Mitteln. In ökologischer Perspektive geht es um sparsamen, schonenden Umgang mit den Ressourcen, mit Luft, mit Wasser, mit Landschaft, mit all jenen Naturgütern, die besonderen Schutzes und spezifischer „Ökonomie" bedürfen.

Ökologie und Ökonomie haben es prinzipiell mit der Auswertung (Benutzung) und Berücksichtigung der der menschlichen Erd-Behausung gezogenen Grenzen zu tun. Umweltschutz und Naturschutz sind eigentlich spezielle Methoden von Wirtschaften, von haushälterischem, d.h. ökonomischem Verhalten. Streng genommen ist Ökologie Hauswirtschaftslehre — Lehre vom Haushalt auch der Natur, von der Ökonomie der Natur. Der Sinn des Wirtschaftens wird nur dann erfüllt, wenn es langfristig der menschlichen Bedarfsdeckung dient. Dazu aber muß es an ökologischen Rahmendaten orientiert sein.

Weil der „Logos" dem „Nomos" logisch vorgeordnet ist, gibt jener Logos das Maß für den Nomos ab. Konkret: Wenn wir überleben wollen, müssen die wirtschaftlichen Überlegungen von ökologischen Erwägungen geleitet sein.[2] Erhalt und Schutz der Natur sind schließlich notwendige Bedingungen für Wirtschaften-Können und umfassende Bedürfnis-Befriedigung. Ohne „logisches" Verstehen und Begreifen des Wesens unseres Naturhaushalts kann der Schritt zu wirtschaftlicher (ökonomischer) Aktivität nicht getan werden. Ist der Bestand von Natur gefährdet, dann geht der Wirtschaft das „Kapital" aus. Da die Wirtschaft auf Dauer nicht in einem naturfreien Raum bestehen und funktionieren kann, sind der industriewirtschaftlichen Expansion natürliche, biophysische Grenzen gesetzt. Zum Beispiel ist die Tourismusbranche auf attraktive Landschaft und einladende Meeresuferzonen angewiesen. Daß Landwirtschaft nicht ohne Land und Landschaft auskommt, liegt auf der Hand. Jeder Wirtschaftszweig ist schließlich auf Natur angewiesen. Ökologische und ökonomische Gründe decken sich weithin. Naturschutz sichert den Naturhaushalt und ermöglicht erst nachhaltige Nutzung von Pflanzen- und Tierbeständen. Es geht darum, daß die für die Erfüllung wirtschaftlicher (und pharmatechnologischer) Aufgaben wichtige genetische Vielfalt von Pflanzen und Tieren erhalten bleibt. Intakte biologische Systeme sind Voraussetzung für die Existenz der menschlichen Gattung. Die Naturgüter stellen Produktionsfaktoren dar, deren Bewahrung und Schonung Wirtschaften überhaupt erst ermöglicht.

Ökologische Politik ist demnach nicht ökonomie-feindlich; denn sie will gerade die natürlichen Bedingungen des Wirtschaftens garantieren. Umwelt-Politik dient der Sicherung unersetzbarer Naturressourcen. Ohne Boden, Wasser, Luft, Fauna, Flora geht dem Wirtschaften die Puste aus. Umgekehrt wird der Mensch als Wirtschaftssubjekt krank, wenn die Natur krankt. Schlechte Wasserqualität ist nicht nur ein ökologisches, sondern zugleich ein ökonomisches Problem. Der natürlichen Reize entkleidete Erholungslandschaften büßen ihren Wert ein; kranke Wälder ruinieren die Holzwirtschaft; vergiftete Flüsse, Seen, Meere führen zu wirtschaftlichen Schäden; biologische (ökologische) Verarmung bedeutet ökonomische Verarmung. Folglich: Die Ökologie dient der Ökonomie — richtig verstandene und betriebene Wirtschaft ist „ökophil", d.h. umweltfreundlich, umweltschonend, zumindest umweltverträglich.

Sind nun Ökologie und Ökonomie gleichberechtigte Größen? Kommt ihnen gleichrangiger Stellenwert zu? Grundsätzlich und begrifflich: ja. In der Praxis der Eingriffe in die Natur müssen die Interessen jeweils abgewogen werden. Es können indes Bedingungen auftreten, die dem ökologischen Interesse den Vorzug geben, der Ökologie Priorität einräumen. Bei Nutzungsansprüchen an die Landschaft haben die Erfordernisse des Umweltschutzes immer dann Vorrang, wenn eine langfristige Sicherung der Lebensgrundlagen der Bevölkerung ohne die gebotene Rücksichtnahme auf ökologische Belange in Frage gestellt wäre. Ohne echte Not darf freie Natur nicht für zivilisatorische Zwecke (Straßenbau, Flughäfen, Freizeitzentren usw.) in Anspruch genommen bzw. konsumiert, verbraucht werden. Selbst unumgängliche, ökonomisch zwingende Eingriffe müssen durch einen Gegenzug landespflegerischer Maßnahmen ausgeglichen werden. Das heißt: Wenn aufgrund des Baus einer Autobahn wertvolle Landschaft — wertlose Landschaft gibt es überhaupt nicht — geopfert wird, muß dieser Verlust kompensiert werden; entweder durch Ausweis neuer Natur- und Landschaftsschutzgebiete oder durch Aufforstung betroffener Gebiete und andere Regenerationsmaßnahmen zugunsten des natürlichen Lebensraumes.

Die Ökologie ist im Begriff, sowohl die Ökonomie als auch die Politik überwölbend zu umklammern. Unsere zukünftige Lebensgestaltung wird immer mehr von ökologischen Imperativen dirigiert. Was nottut: Friedensschluß zwischen Ökologie und Ökonomie, Bereinigung des *ökologischen Hausfrie-* densbruchs; mit dieser Formulierung möchte ich den Hintergrund unserer Umweltkrise markieren.

Ökologie in der Landwirtschaft

Ökologische Problematik

In der modernen Landwirtschaft geraten ökologische Notwendigkeit einerseits und ökonomisches Gebot andererseits immer wieder in Konflikt. Unter den zahlreichen Möglichkeiten sei nur diese erwähnt: Die Ausweisung als „Naturschutzgebiet" stoppt die landwirtschaftliche, ökonomische Benutzung der fortan als „schutzwürdig" qualifizierten Flächen. Solche mit ökologischen Argumenten (des Umweltschutzes im weiten Sinn) begründete Entziehung eines ökonomischen Objekts mindert den wirtschaftlichen Gewinn des betroffenen Landwirts, es sei denn, die finanzielle Entschädigung für das abgetretene Land kompensiere den Verlust. Abgesehen davon, daß Menschen eine Sache in dem Moment, wo sie ihnen entzogen wird, besonders zu schätzen beginnen, liegt es in der Natur der Sache, daß konsequenter Umweltschutz immer Opfer kostet; mal trifft es den, mal jenen. Es ist doch so, daß — über den landwirtschaftlichen Bereich hinaus — die *ökonomische „Lust"* nach immer mehr Wachstum und Profiterwirtschaftung zur *ökologischen „Last"* werden kann. Da wir alle den ökonomischen Drang mehr oder weniger haben, müssen wir alle auch die Last tragen helfen. Ohne Zügelung jener ökonomischen Lust gibt es keine ökologische Entlastung.

Wenn es in Zukunft unumgänglich sein sollte, dem Landwirt Naturschutz-Auflagen zu machen, die bisher übliche Gewinne schmälern, dann entspricht es dem Gesetz der Solidarität, die Lasten angemessen auf die ganze Bevölkerung zu verteilen. Da Landwirtschaft uns allen dient, müssen alle Berufsgruppen zur Kasse gebeten werden. Umweltschutz ist eine solidarische Schicksalsaufgabe. In dem Maße wie der Einsatz gigantischer Agrartechnologie (schwerer Traktoren, Mähdrescher usw.), von Herbiziden (Spritzmitteln) und Pestiziden (Unkrautvertilgungs- und Schädlingsbekämpfungsmittel) zunimmt, potenziert sich die ökologische Problematik. Aufgrund der Entwicklung der Landwirtschaft zu hochrationalisierten Betrieben sind auch die Aufwendungen für Rohstoffe und Energie gestiegen. Die chemotechnischen Eingriffe gefährden Tiere und Pflanzen; umstritten sind bestimmte Methoden der Flurbereinigung, des technischen Gewässerbaus, des Fortfalls günstiger Fruchtfolgen. Durch Insektizide werden auch nützliche Insektenfresser (Vögel, Frösche) vernichtet.

Das Unternehmen Landwirtschaft wird in zwei Richtungen getrieben. Zum einen obliegt dem Landwirt die Aufgabe, eine zur Erhaltung der Menschheit quantitativ und qualitativ befriedigende Nahrungsmenge (in erster Linie pflanzliche und tierische Produkte) zu produzieren; auf der anderen Seite darf (sollte) er die zu dieser Produktion erforderlichen Eingriffe in den Naturhaushalt nicht über jene Grenzen ausufern lassen, die um der Erhaltung der Ressource Natur willen zu respektieren sind.

Da sich in absehbarer Zeit keine generelle Alternative bieten dürfte, eröffnet sich in dieser bisweilen ausweglos anmutenden Lage lediglich der Weg in Richtung des „Integrierten Pflanzenschutzes". Sein Ziel:

— stärkere Gewichtung der organischen Düngung (Mist, Gülle usw.),
— mehr biologische Schädlingsbekämpfung,

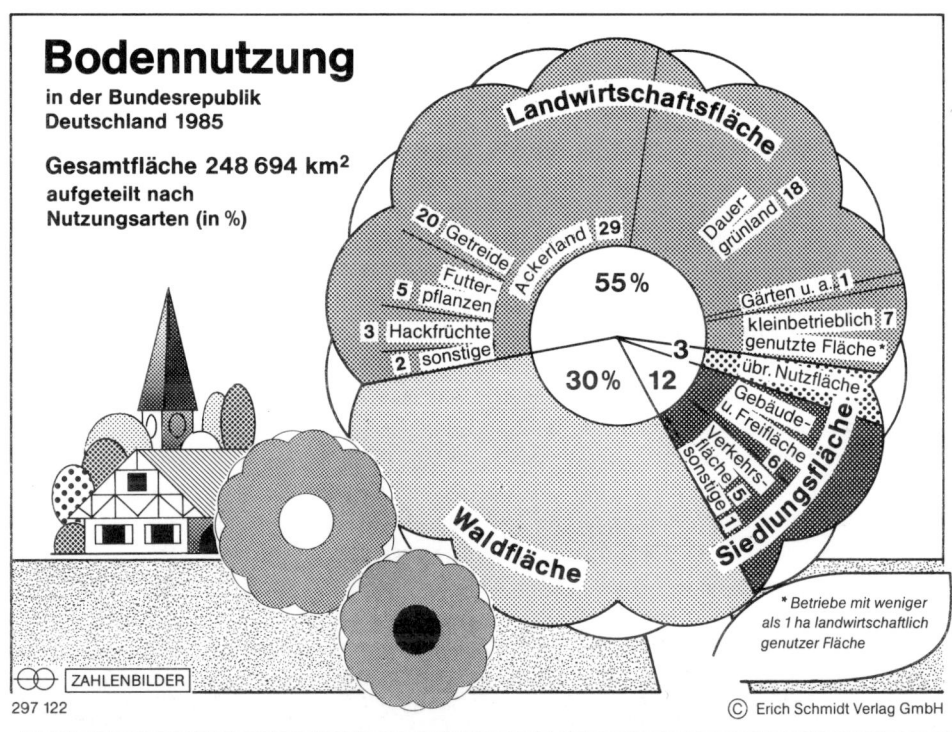

Bodennutzung

in der Bundesrepublik
Deutschland 1985

Gesamtfläche 248 694 km²
aufgeteilt nach
Nutzungsarten (in %)

Landwirtschaftsfläche

20 Getreide
5 Futterpflanzen
3 Hackfrüchte
2 sonstige

Ackerland 29

55%

Dauergrünland 18

Gärten u. a. 1

kleinbetrieblich 7
genutzte Fläche *

übr. Nutzfläche 3

30% 12

Gebäudeu. Freifläche

Verkehrsfläche 6
sonstige 1 5

Siedlungsfläche

Waldfläche

*Betriebe mit weniger
als 1 ha landwirtschaftlich
genutzer Fläche*

ZAHLENBILDER

297 122

© Erich Schmidt Verlag GmbH

Veränderung der Flächennutzung in den Jahren 1965—1974:
Umrechnung auf Veränderung pro Tag:

Abnahme täglich		Zunahme täglich	
Landwirtschaftl. Nutzfläche	140 ha	Wasserfläche	9 ha
Waldfläche	11 ha	Gebäudeflächen	68 ha
Gartenland	13 ha	Verkehrsflächen	31 ha
Moorfläche	4 ha	Innengemdl. Flächen	8 ha
		Brachflächen	44 ha
		Ödland	8 ha

aus: „Der Staatsbürger" 12/83

Allein in Bayern werden jährlich ca. 50 qkm Fläche verbraucht für Straßen, Gebäude,
Plätze u. a. (Stand 1975/76).
6250 qkm (Größe des Saarlandes) sind in der Bundesrepublik allein für Straßen asphaltiert.
Ein Ergebnis der Bodenversiegelung:
In Baden-Württemberg stiegen die Hochwasserschäden von DM 41 Millionen im Jahr
1965 auf DM 294 Millionen 1978.

— Förderung bodeneigener Abwehrkräfte,
— Einsatz von Pflanzen entsprechend den Standortbedingungen,
— bodenschonende Landtechnik,
— minimale Verwendung von Pestiziden.

Im Vordergrund steht die Ausnutzung natürlicher Schädlings-Bekämpfungsfaktoren und der Anbau von Kulturpflanzen, die gegen bestimmte Erkrankungen widerstandsfähig sind.

Die klassische Agrarlandschaft bot mannigfache Kleinbiotope, Hecken, Bäume, Feldraine, Böschungen, Tümpel. Da fanden Tiere Nahrung, bergenden Unterschlupf und Nistplätze. Derart vielfältige Landschaft stellte zugleich ideale Erholungsräume dar. „Insoweit hat die moderne Agrarlandschaft die Eigenschaft eingebüßt, die sie bis in unser Jahrhundert herein auszeichnete und die ihr mit Recht die Bezeichnung Kulturlandschaft einbrachte. Den Ehrennamen Kultur verdienen aber nur solche Lebensverhältnisse, die nicht ausschließlich ökonomisch orientiert sind, sondern die nach Einklang streben mit den Gesetzen der Schöpfung und des Lebens schlechthin. Wir müssen uns heute sehr ernsthaft die Frage stellen, wie weit manche Agrarlandschaften einem solch hohen Anspruch gerecht werden."[3]

Der Landwirt als „Ökonom" (Verwalter) von Natur und Landschaft

Von Berufs wegen hat der Landwirt mit „Verwaltung" des natürlichen Lebensraumes zu tun. Wenn er ihn tatsächlich verwaltet, dann laufen bei ihm ökonomische und ökologische Funktion zusammen (vgl. das oben beschriebene Beziehungsverhältnis der beiden Begriffe). Die fundamentale und hochqualifizierte Leistung des Landwirts erhellt beim Nachdenken über den Begriff „Agrikultur", der der lateinischen Sprache entstammt. Als agrikulturelles Unternehmen hat Landwirtschaft ganz ursprünglich ökologische Bedeutung. Der sich dem Landbau widmende Bauer ist mit der Erhaltung von Natur und Landschaft befaßt. Im Wort Agrikultur bewahrt der Begriff Kultur seinen ureigenen Sinn. Das dem Hauptwort „Kultur" (lat. *cultura, cultus*) zugrundeliegende lateinische Tätigkeitswort *colere* besagt: anbauen, bebauen, pflegen, hegen.

Für den ökologischen Zusammenhang aufschlußreich ist die Feststellung, daß auch das Wort „Kult" auf das Grundwort *colere* zurückgeht. Es bedeutet eben zugleich: ehrfürchtig verehren. „Kult" meint ursprünglich die Pflege der Beziehung zu den Göttern, d.h. zu jenen Wesen, von denen sich der Mensch abhängig weiß. Wer sich agri-kulturell betätigt, bearbeitet Land und Boden, ohne zu vergessen, daß er diese Ressourcen schonend behandeln muß, weil er von ihnen abhängig ist. Landwirtschaft bildet demnach jene Form von Kultur, die Land anbaut, Boden bebaut, Landschaft pfleglich behandelt, Natur ehrfürchtig hegt, den natürlichen Lebensraum gewissenhaft bewahrt. Bäuerliche Tätigkeit stellt primäre Kulturleistung dar. Unsere Kulturlandschaft ist weithin der bäuerlichen Tätigkeit zu verdanken. Wenn der Bauer das Land „kultiviert", dann „bildet" er Natur. Wie ein guter Lehrer seine Schüler bildet, aus-bildet, so nimmt der Landwirt so etwas wie eine *agragogische Funktion* wahr. Trägt die Landwirtschaft durch Anlage und Pflege von Wiesen zur Begrünung unserer Umwelt bei, dann erfolgt eben nicht nur ein Beitrag zur Befriedigung der Bedürfnisse des physisch-materiellen Lebensunterhalts (Milch- und Fleischproduktion), sondern auch eine Leistung in Sachen ästhetischer und emotionaler „Ernährung" der Menschen. Agrarlandschaft ist eben nicht nur Produktionslandschaft. Gepflegte, anmutige Landschaft spricht Menschen an. Sie wird auf verschiedenste Weise auch nicht-agrarisch beansprucht, z.B. durch Feierabend- und Wochenendbesucher, durch Feriengäste und ländliche Zweitwohnungsbesitzer. Dem Nichtagrarier erscheinen das wogende Kornfeld oder die sattgrüne Weide weniger wichtig als blühende Kornblumen, am Feldrain wachsende Margeriten, singende Lerchen oder am Waldrand auf der Wiese äsende Rehe.

Der Landwirt ist als *agriculteur,* wie ihn die französische Sprache benennt, immer auch *Landschafts-Wirt.* Er bewirtschaftet die Landschaft; ja er „bewirtet" sie im germanischen Sinne des Hütens und Behütens. Aus ökonomischen Gründen greift er in die Landschaft und Natur ein — zugleich erhält, „konserviert", formiert und kultiviert er sie aus ökologischer Vernunft. Mit gutem Grund heißt es im Bundesnaturschutzgesetz, §1: Die Land- und Forstwirtschaft dient den Zielen des Naturschutzgesetzes. Wer in diesem Sinne Landwirtschaft betreibt, betätigt sich in Landschaftspflege, bearbeitet das Land, damit es zu einem schönen Erlebnis- und zu einem „gemütlichen" Erholungsraum wird. Insofern hat Agrikultur neben ihrer ökonomischen Zielrichtung immer auch eine ökologische Note. Wie Wohnkultur für geschmackvolle, ideen- und gestaltenreiche Einrichtung des Heims sorgt, hat Agrikultur — wenn auch nur nebenbei und unbeabsichtigt — einen landschafts-kosmetischen Sinn. Vom Stil der Landbebauung hängt es ab, ob und wie das Antlitz unserer Erde schön geformt oder verschandelt wird. Landwirtschaftlicher Einsatz gestaltet die Umwelt-Natur zu einem „Kosmos", d.h. zu einem ganzheitlichen „Bild", das nach klassisch-hellenistischer Auffassung Ordnung und Schönheit, Harmonie und Schmuck bedeutet.

Was wir Landschaft nennen, ist in unseren Breiten durchweg ein sinnlich wahrnehmbares Szenario von Impressionen, die unserer Erde durch agrikulturelle — und forstliche — Arbeitsleistung „eingeprägt" wurden. Diese ästhetisch-kosmetischen Aspekte sind freilich zweitrangig; weder Landwirt noch Bevölkerung können von der landschaftlichen „Schönheit" leben. Der landwirtschaftliche Raum ist kein Agrar-„Kosmetik"-Salon, sondern zuerst einmal ganz schlicht und einfach ein vital dringliches Nutzgut, das zum Erwerb von Lebensmitteln „herhalten" muß. Diese materielle Einstellung läßt jedoch mehr oder weniger Raum, in dem landwirtschaftlicher Einsatz der „Produktion" seelisch-geistiger und ästhetischer Werte zu dienen vermag. Wogende Kornfelder, grüne Weidelandschaft, prachtvoll blühende Obstbäume, farbenbunte Weinberge sind eben nicht nur Material der Getreideernte, der Milchproduktion, der Obstversorgung, der Traubenlese, sondern agrikulturelle Objekte, von denen Reize ausstrahlen, die gesamtmenschliches Wohlbefinden aufbauen.

Ein weiteres Element ländlicher Kultur ist die Gestaltung des dörflichen Lebens und Wohnens. Die Dorf-Verschönerung ist nicht einfach eine Konzession an romantische Nostalgie und rustikale Modewellen, sondern Konsequenz der Einsicht, daß die Wahrung des naturnahen Charakters unserer Dörfer die landschaftliche Schönheit steigert und zu einem gesunden seelischen Klima beiträgt. Allerdings müssen sich die Verantwortlichen darüber im klaren sein, daß das Programm lautet: Unser *Dorf* soll schöner werden. Es kann und darf also überhaupt nicht darum gehen, die Stadt nachzuäffen, städtische Verhältnisse einzuführen. Schöner werden soll

ja das Dorf; es ist das Subjekt der Verschöne-
rung. Attraktiv werden soll der ländliche
Raum — ihn gilt es zu bewahren als Gegengewicht zu den städtischen Ballungszentren.
Die gewachsene Vielfalt und idyllische Eigenart unserer Dörfer soll nicht nivelliert und
zerstört, sondern entwickelt werden. Bürgerinitiativen, die sich für Pflege schmucker Ort-
schaften engagieren, verdienen jede Unter-
stützung. Die Überschaubarkeit der dörflichen Struktur erlaubt optimale Berücksichtigung menschlicher Maßstäbe. Diese sollten
Kriterien sinnvoller Dorf-Erneuerung und
Dorf-Verschönerung sein. Wer sich mit dem
Dorf als Heimat identifiziert, gewinnt die notwendigen (anthropologischen und ethischen) Impulse, es zu einer wohltuenden
Umwelt zu gestalten. Die ländliche und bäuerliche Bevölkerung hat eine vorzügliche
ökologische Mission zu erfüllen.

5. Wo liegen die eigentlichen Ursachen?

Umweltproblem — Umweltkrise — Umweltkatastrophe?

Die Schwierigkeiten mit der ökologischen Herausforderung hängen auch mit einem sprachlichen Problem zusammen. Wer die Tagespresse liest, Rundfunknachrichten hört, Fernsehsendungen verfolgt, Diskussionen und Gesprächen seine Aufmerksamkeit schenkt, stellt fest, daß ein und derselbe ökologische Sachverhalt bald als Problem, bald als Krise, bald als Katastrophe benannt und qualifiziert wird. Schon in der „Definition" des Gegenstands der Betrachtung fallen Unschärfe und Ungenauigkeit auf. Wie aber soll eine Therapie des unseligen Zustandes entwickelt werden, wenn es nicht gelingt, eine wenigstens annähernd einheitliche Diagnose zu stellen?

Zunächst gilt es festzuhalten: Alle drei Begriffe bezeichnen jeweils verschiedene Zustände von Unsicherheit, eine Eskalation der Verunsicherung. Die niederste Stufe ist die des Problems. Ein solches gilt als lösbar; es handelt sich um eine Aufgabe, die bewältigt, gemeistert werden kann. In der französischen Sprache ist eine Mathematikaufgabe „un problème mathématique"; sollte sie nicht lösbar sein, dann ist es eben keine „Aufgabe". Der Problem-Stufe folgt die nächst höhere der Krise. Hier nimmt der Grad der Unsicherheit zu; die Lage wird schwieriger. Schließlich spitzt sich das Ganze auf der Stufe der Katastrophe zu. Von ihr muß — im Sinn der „Sicherheitsphilosophie" (philosophy of security) — dann gesprochen werden, wenn es innerhalb eines Systems zu einem derartigen Unfall und Unglück kommt, daß dieses nur noch durch Hilfsaktionen gerettet werden kann.

Beispiel: Das Mittelmeer wäre — sei es durch Ölteppiche von Tankerlecks oder durch Einleitung von schadstoffreichen Abwässern und Abfällen — in dem Fall „katastrophal" verschmutzt, wenn die biologische Selbstreinigungskraft des Meerwassers nicht mehr ausreichte, den ökologischen Tod des ganzen marinen Systems zu verhindern.

Es ist also ein diagnostisch und therapeutisch entscheidender Unterschied, ob unsere ökologische Situation (Herausforderung) als problematisch, als kritisch oder als katastrophal interpretiert wird. Der Wahrheit dürfte die „Mitte" am ehesten nahekommen; das Qualifizierungsmerkmal „Krise" gibt die Sachlage Umwelt am treffendsten wieder. Einfach von einem Umweltproblem zu reden, ist zu billig. Es besteht dann die Gefahr der Verharmlosung; denn wir haben ja so viele Probleme zu lösen. Die ökologische Herausforderung darf nicht als ein Problem unter anderen gelten — unter „ferner liefen". Auf der anderen Seite gibt es — noch — keinen zwingenden Grund, von einer Umweltkatastrophe zu sprechen. Wird mit der Bezeichnung „Problem" die Situation verniedlicht, so suggeriert die Wortwahl „Katastrophe" einen extrem alarmierenden Unglücksfall, der keine Rettung mehr verspricht.

Unsere ökologische Lage ist kritisch; wir haben es mit einer Umweltkrise zu tun. Das griechische Fremdwort Krise besagt Wendepunkt, d.h. eine Stelle, an der ein Ereignis sich wendet, an der ein Geschehen eine Wende nimmt, nehmen muß. Krise gleicht einer Weg-Kreuzung, einer Weggabelung, die den auf dem Lebensweg befindlichen Menschen vor die Entscheidung stellt, welche Richtung er einschlagen soll. Dieser Ort fordert Entscheidung heraus; der weitere Kurs ist ent-scheidend. Der an der Kreuzung ange-langte Mensch ist gezwungen, die Lage, sei-ne Position zu beurteilen, Perspektiven abzu-schätzen, Risiken zu kalkulieren, Gefahren wahrzunehmen und einzustufen. Es gilt, zu werten, zu beurteilen, zu entscheiden.

Krisensituationen sind ambivalent: Die Situa-tion ist mehrdeutig, deswegen fällt der Ent-scheid so schwer; daher rühren quälende Be-lastung und bedrückende Unsicherheit. Für das Wort „Krise" verwendet die chinesische Sprache ein Schriftzeichen, das aus zwei Einheiten besteht: die erste Silbe besagt „Chance", die zweite bedeutet „Untergang". In der Krise ist beides „drin": Offenheit für Heil und Unheil. In dieser Sicht muß unsere gegenwärtige Öko-Situation als „kritisch" begriffen werden. Die Menschheit, zumal die der industrialisierten Zonen, hat auf dem Gang ihrer naturwissenschaftlich-technolo-gisch-ökonomischen Geschichte einen Punkt erreicht, wo Einhalt, Besinnung und Kurskorrektur geboten sind. Wir, die wir be-troffen an einem solchen Scheideweg ste-hen, erfahren solche Kreuzung als „Kreuz"; denn wir wissen wohl, zumindest ahnen wir es, daß der eingefahrene Trend gestoppt wer-den muß; in mancher Beziehung müssen wir eine demütigende Umkehr vollziehen; wir müssen „konvertieren", auch wenn es weh tut. Ohne derartige „ökologische Konver-sion" geht es nicht weiter.

Umweltkrise — Innenweltkrise

Sterbende Wälder *um uns* — moralische Zer-störung *in uns*. Prophetischer Donnerhall und Alarm bei Hosea:
„Es gibt im Lande keine Treue mehr, keine Frömmigkeit, keine Gotteserkenntnis... Bluttat reiht sich an Bluttat. Darum trauert das Land und siecht alles dahin, samt den Tieren des Feldes und den Vögeln des Himmels. Selbst die Fische im Meer werden dahinge-rafft" (Hos 4,1—3).

Der alttestamentliche Prophet zeigt direkte Verbindungen zwischen der (moralischen) Verfassung des menschlichen Innenlebens und den draußen in der Natur angerichteten Verhältnissen. Er schildert Zusammenhänge zwischen dem Aussehen der Umwelt und der „ethischen Landschaft" in uns Menschen. Mangel an Treue, Abkehr von Gott, morali-sche Zerrüttung sind die Gründe bzw. Ab-gründe für die „Trauer des Landes". Das Un-heil in der Natur hat seine Quellen in religiö-ser Leere und moralischer Wüste. Unsere be-drohte Umwelt ist ein Erzeugnis der konfu-sen, sittlich verwilderten Innenwelt.

Da das Gelingen der Herrschaft über die Er-de an den Gottesglauben gebunden ist, führt Abkoppelung von Gott zu mißglücktem Um-gang mit der Natur. Das praktische, operative Verhältnis zur Natur verrät die innere Gesin-nung und Gesittung der über die Erde herr-schenden Menschen. Anders ausgedrückt: Ethisches „Schicksal" und Schicksal der Na-tur sind auf Gedeih und Verderb solidarisch verbunden. Sobald der „moralische Haus-halt" des Menschen in Unordnung gerät oder gar zerfällt, greifen die zerrütteten Elemente (früher oder später) auf die Umwelt und Natur über.

„Sag mir, wie du mit der Erde umgehst, und ich sage dir, wer du bist." So sind denn auch die sterbenden Wälder ein Notsignal und hal-ten uns einen Spiegel vor für das, was in uns Menschen stirbt. „Die Elemente klagen mit großem Schreien zu ihrem Schöpfer. Sie überschreiten die rechte Bahn . . ., verwirrt durch die Sünden der Menschen." Wegen der von Menschen begangenen Untaten wer-den sie „von unterst zuoberst gekehrt". Sooft die Elemente der Welt „durch die schlechten Taten der Menschen geschändet werden, wird Gott sie durch die Qualen und Drangsale der Menschen wieder reinigen" (Hildegard von Bingen).

Umweltverschmutzung ist Folge von Innenweltverschmutzung; Umweltverwüstung ist Konsequenz seelischer Verwüstung. Mutwillige zerstörerische Eingriffe in die natürliche Umwelt verraten ethisches Defizit, sittliche Verwilderung, bekunden Verrohung des ästhetischen Empfindens und emotionale Verödung. Menschen, die ihre Bestimmung zum Frieden Gottes verfehlen, ziehen die ganze Schöpfung in den Prozeß dieser Verfehlung hinein. Erst wenn die Beziehung zwischen Gott und Mensch störungsfrei ist, kann dieser die Natur in der Wahrnehmung des biblischen Kulturauftrags in jenen Frieden einbeziehen.

Die Bewältigung der ökologischen Krise ist demzufolge ein menschliches Innenweltproblem. Sofern die Umweltschäden objektive, d.h. gegenständlich erfahrbare Äußerungen und manifeste Belege der moralischen Schäden im Menschen darstellen, kann auch die Heilung (Schadensbehebung) der ökologischen Pathologie nur von Innen erfolgen. Ohne Reform der Gesinnung und ohne moralische Wende bleibt jener neue Mensch aus, der ökophiles, d.h. umweltfreundliches Verhalten verspricht. Soll unsere von ökologischen Verwundungen gezeichnete Erde eine andere werden, dann muß der Mensch ein anderer werden. Geboten ist umfassende Revision unserer Wertmaßstäbe; unsere Einstellung zur Natur und zu uns selbst muß sich wandeln; staatlich verordnete Gesetze genügen nicht. Nach D. Meadows bedarf es gar einer „geistigen Umwälzung kopernikanischen Ausmaßes". Ohne tiefgreifende Veränderung des Wertsystems bleibt jede andere Änderung eine rein mechanistische Betriebsamkeit. Es zeugt von Naivität, eine Besserung im Ganzen zu erwarten, wenn nicht alle umkehren. Wie sollte es zu der allenthalben leidenschaftlich beschworenen Reform gesellschaftlicher Strukturen kommen, wenn die für die Strukturen verantwortlichen Menschen vorher nicht ihr Sinnen und Trachten, ihr Planen und Herstellen ändern. Die Verhältnisse kann doch nur der ändern, der sich selbst ändert. Das ist „wahre Revolution, die durch eine Veränderung des Menschen selbst hindurchgeht und dann auch die Dinge um den Menschen herum ändert".

Gilt die vor etwa 2700 Jahren vom Prophet Hosea mit donnerndem Pathos seinen Zeitgenossen entgegengeschleuderte Mahnung nicht heute genauso? „Darum trauert das Land". Der alttestamentliche Text schildert ein ökologisches Elend, das wir Heutigen bitter erfahren. Derartige Trauer macht sich breit, wo großräumige Flächen des brasilianischen Amazonasgebietes kaltblütig gerodet werden; wo der zoologische und botanische Artenreichtum immer mehr ausblutet; wo anmutige Landschaft zubetoniert wird; wo Tankerunfälle unsere Meere mit Ölteppichen verschmutzen; wo in städtischen Ballungszentren Autoabgase und tosender Lärm sich zu einer unheiligen antiökologischen Allianz verbünden; wo der Boden unserer Mutter Erde unter dem massiven Zu- und Angriff chemischer Bearbeitung stöhnt. „Das Land trauert" — die Landschaft trauert. Treffender und erschütternder kann die Situation nicht beschrieben werden. Bilder von sterbenden Wäldern vermitteln etwas von dieser Trauer der Natur. Sie sind wehklagende, sichtbare Alarmsignale der Agonie unserer Innen-Landschaft. Das trostlose Bild eines dahinsterbenden Waldes (z.B. im Fichtelgebirge und Regionen des Schwarzwalds) veranschaulicht und spiegelt das elende Ethos derer, die Verursacher des Schwundes und der Passion unserer Wälder sind.

„Zum ersten Mal in der Geschichte hängt das physische Überleben der Menschheit von einer radikalen seelischen Veränderung des Menschen ab" (Erich Fromm). Zukunft (ökologisch und menschlich) haben wir nur dann, wenn wir unseren moralischen Haushalt sanieren. Unsere „ethische Kraftwerksanlage" ist außer Kontrolle geraten. Wir brauchen zunächst einmal *Katalysatoren unseres Ethos;* wenn wir dieses nicht entgiften, wird der Einbau solcher Techniken in unsere Autos nicht den gewünschten und erhofften Gewinn bringen.

Ökologische Desorientierung

Ob es gelingt, ein Umweltbewußtsein zu entwickeln, das uns ganz in Fleisch und Blut übergeht, das uns erfaßt, in Mitleidenschaft zieht, das hängt davon ab, ob wir unsere Sinne für die Natur öffnen. Ökologisches Bewußtsein und moralische Verantwortung für Naturschutz führen kein frei schwebendes Eigenleben, sondern entstehen aus sinnlichen Erfahrungen, aus sinnenhaften Eindrücken. Umweltethik schlägt nur dann voll durch, wenn zu der auf Erkenntnis beruhenden Auseinandersetzung mit dem ökologischen System eine affektive Betroffenheit kommt, die wiederum eine sinnliche Ergriffenheit voraussetzt. Ohne „Sinn" für landschaftliche Reize kommt es doch niemand in den „Sinn", gegen leichtfertige Landschaftszerstörung zu protestieren. Das Ethos des Umweltschutzes lebt von der Leidenschaft für die zu schützende Umwelt. Was wir brauchen, möchte ich mit dem Begriff „ökologische Sympathie" bezeichnen. Sie meint —

im engen Anschluß an das griechische Wortverständnis — sinnliche Betroffenheit und seelische Einfühlung. Gefordert ist „Mit-Gefühl" mit der Natur; wir müssen lernen, mit ihr zu leiden, uns mit ihr zu freuen.

„Unserer Erde Leben mitzufühlen, tu ich alle Sinne festlich auf." Mit diesen wunderbaren Worten von Hermann Hesse ist das Anliegen genau charakterisiert. Die vom Dichter vollzogene Öffnung aller Sinne tut uns Heutigen um so mehr not, als wir vor lauter Rationalisierung und Intellektualisierung die sinnlichen Antennen für die einzigartige Qualität des Natürlichen verkümmern lassen. Unsere Empfangsanlage ist defekt; wir hören nicht mehr, was die Natur uns „zusendet". Der Anthropologe Arnold Gehlen bezeichnet den Menschen als „Mängelwesen", das den Instinkt gegen die vor allem in der Technik wirksame Vernunft „eingetauscht" hat. Vernunft-Gewinn = Instinktverlust.

Der Mensch hat in dieser Welt einen anderen Standort und verfügt über andere Operationschancen als das Tier. Während sich Tiere in ihrer (immer begrenzten) Umwelt dank ihres angeborenen Instinktes zurechtfinden und ein recht sicheres Verhalten an den Tag legen, muß sich der Mensch kraft seiner Vernunft orientieren und behaupten. Es ist die „sinnlich-sensitive" Ausstattung, welche das Tier befähigt, die „richtigen Wege" zu gehen, sich den Umwelterfordernissen anzupassen, sinnvoll zu reagieren, sei es durch Flucht (vor Gefahren) oder durch Angriff (auf feindliche Bedrohung). Es ist bekannt, wie spezialisiert und geschärft die verschiedenen Sinnesorgane vieler Tiere sind. Zumal Gefahren gegenüber reagieren die meisten Tiere mit instinktiver Begabung und erstaunlicher Sicherheit. Bedrohungen „wittern" sie.

Solche Natur-Instinkte hat der Mensch im Laufe seiner kulturellen Höherentwicklung immer mehr eingebüßt; im Umgang mit der Natur ist er zunehmend unsicher geworden. Jedenfalls hat der „homo technologicus" (der völlig in technischen Strukturen und Bedürfnissen aufgehende Mensch) die Natur immer weniger „in seinem Sinn".

Ist das Christentum schuld?

Es liegt auf der Hand, daß die ökologische Krise auf die — offensichtlich übertriebenen — Eingriffe des Menschen in die Natur zurückgeht. Diese Eingriffe wurden immer schon mittels technischer Geräte vorgenommen; die im Laufe der Zeit immer raffiniertere Technik verdankt sich ihrerseits nun wieder den fortschreitenden Erkenntnissen der Naturwissenschaft. Diese tritt auf mit dem Anspruch, die Natur als Objekt zu erforschen, Beziehungen zwischen Ursache und Wirkung zu analysieren, das, was Früheren und Primitiven als „geheimnisvoll" erschien, als „Gesetzmäßigkeiten" aufzuweisen, die man nur kennen muß, um in und an der Natur Veränderungen, Eingriffe vorzunehmen.

Nun gibt es eine Reihe von Autoren, die seit Jahren die Behauptung aufstellen, die moderne Naturwissenschaft und Technologie sei sozusagen eine typische „Erfindung" jüdischer und christlicher Theologie. Der amerikanische Historiker Lynn White spricht von „orthodoxer christlicher Arroganz gegenüber der Natur"[4]. In gleicher Richtung äußert sich der amerikanische Theologe B. Cobb: Weil die christliche Theologie die Natur als Schöpfung Gottes betrachte, habe sie die Dämonen aus ihr vertrieben, die Natur „entmythologisiert" und als eine verstandesmäßig faßbare, rational begreifbare Ordnung zum Forschungsobjekt der Naturwissenschaft gemacht. In seinem Buch „Wachstum bis zur Katastrophe" lastet auch D. Meadows der jüdisch-christlichen Tradition eine rücksichtslose Naturausbeutung an. C. Amery sieht in der Umweltkrise „gnadenlose Folgen des Christentums" — so der Untertitel seines Buches „Das Ende der Vorsehung". Seine Argumentation: Weil im biblischen Schöpfungsbericht (Gen 1,26) nur dem menschlichen Wesen Gottebenbildlichkeit zukomme, werde der Mensch als höchstes Wesen betrachtet; es tue sich ein tiefer Graben zwischen ihm und der übrigen Schöpfung auf. Der Herrschaftsauftrag (Gen 1,28) betone die totale Überlegenheit des Menschen über die Natur und gebe die Erde dem vollen Zugriff des Menschen frei. Diese werde lediglich als Lager von Rohstoffen betrachtet. Nach der Vertreibung aus dem Paradies (Gen 3) beginne der Mensch, die Natur um seines Wohles willen konsequent und „gnadenlos" zu unterwerfen. Amery rechnet dann auch religiöse Institutionen wie den Zisterzienserorden zu den „Schuldigen"; gerade für diese Klostergemeinschaft sei die rationale Tageseinteilung typisch, dank der hohe wirtschaftliche Produktivität erzielt und ökonomische Gewinne gemacht werden konnten.

Eine „wichtige Voraussetzung für die Ausbeutung der Natur" gehe vom Christentum insofern aus, als es aus den Bäumen, den Quellen, den Bächen und Bergen die — für Naturreligionen charakteristischen — Gottheiten ausgetrieben habe, schreibt G. Liedke in seinem Buch „Im Bauch des Fisches". Zurecht warnt Liedke jedoch davor, das Christentum als einzige Ursache für die spätere, teilweise verhängnisvolle Entwicklung des Verhältnisses Mensch—Natur haftbar zu machen; schließlich haben auch (schon) die Römer, denen der christliche Schöpfungsglaube fremd war, einen Natur-Begriff gekannt, der es erlaubte, die Natur zu beherrschen und „untertan" zu machen.

„Die moderne Wissenschaft — eine Tochter der Kirche" (B. Brecht).

Zweifellos gab es im Mittelalter Theorien und Praktiken, ohne die der neuzeitliche Boom der Naturwissenschaften und Technologien unvorstellbar wäre. Vor allem Arbeit und Technik hatten religiösen Rang. Warum? Weil sie die Mittel waren, um an der göttlichen Schöpfung mitzuwirken und einen geradezu paradiesischen Zustand, eine ursprünglich heile Welt aufzubauen. Die Beziehung zum Schöpfer und die Verantwortung gegenüber seinem Schöpfungswerk spielten aber in dem Augenblick keine Rolle mehr, wo der aufklärerische Geist der Renaissance die religiöse Verankerung der Weltgestaltung beseitigte und die theologische Orientierung der

technischen Veränderungsprozesse aufgab. Die ökologische Krise ist nicht Folge des Christentums, sondern Ergebnis einer konsequenten Verweltlichung der Lebensbezüge: Der Mensch zieht sich ganz auf sich selbst zurück; er pflegt sozusagen nur noch die Beziehung zu sich selbst und hängt seinen „autonomen" Wunschvorstellungen und Träumen nach. Die Brücken zu transzendenten, diese Welt übersteigenden Bereichen und Maßgaben sind eingestürzt. Das Verhältnis Mensch—Gott wird aufgekündigt. Deswegen übt die Menschheit ihre Herrschaft über die Erde nicht mehr in festgelegten Grenzen aus, sondern überschreitet diese ganz bewußt. Indem der Mensch Gottes Stelle einzunehmen versucht, wird er zum Despot. Das „kontrollierende Potential" des christlichen Schöpfungsglaubens ist ausgefallen. Die Umweltkrise ist die Krise des christlichen Glaubens. Und „die Glaubenskrise hat die Umweltkrise mitverursacht" (G. Altner).

Der Vorwurf, das Christentum sei schuld, ist ohnehin zu global. Die christliche Religion hat sich ja in verschiedene Konfessionen ausgefächert; diese haben nicht in gleichem Maß ihren Beitrag zur naturwissenschaftlichen Forschung und industrie-technischen Herrschaft über die Erde geleistet. Das Christentum ist kein monolithischer Block, der mit „einer Stimme" redet, einheitlich denkt und einhellig handelt. Im Protestantismus wurden — u.a. im Gefolge des von M. Luther verkündeten Berufsethos — starke Triebkräfte für Unternehmer-Initiative freigesetzt. Der Calvinismus schrieb der wirtschaftlichen Tüchtigkeit, der gesellschaftlichen Leistung und dem ökonomischen Gewinndenken gar religiöse Heilsbedeutung zu. Demgegenüber galt der Katholizismus für viele als Bremse des technischen Fortschritts mit zumindest skeptischer Einstellung gegenüber naturwissenschaftlicher Forschung. Bis in die Gegenwart hat sich das Christentum, zumal die katholische Kirche, Rückständigkeit und „Vorgestrigkeit" vorwerfen lassen müssen. In der Tat trifft es zu, daß die Katholiken lange Zeit einen geringen Teil jener darstellten, die an den Schalthebeln der wirtschaftlichen Macht, des Industriemanagements, des Großfinanzwesens sitzen. Daher hat denn auch der evangelische Anthropologe A. Portmann gemeint, es erscheine nicht ganz logisch, den Katholiken einerseits das berühmt-berüchtigte „Bildungsdefizit" vorzuwerfen und ihnen im gleichen Atemzug die naturwissenschaftlich-technologische „Leistung" der Naturausbeutung anzulasten.

Die Christen haben die heutige Krisensituation also nicht „unisono" produziert. Eine globale Schuldzuweisung und Sündenbock-Entdeckung verfehlt den historischen und geistesgeschichtlichen Sachverhalt.

Eine ganz andere Sache ist es, daß in der jüngsten Zeit — spätestens seit dem deutschen Wirtschaftswunder ab 1955 und der von ihm erzeugten Verwöhnungsgesellschaft — die Christen beider Konfessionen je ihren (sicher individuell unterschiedlichen) Beitrag zur Umweltbelastung leisten. Sowohl die Produzenten als auch die Konsumenten sind getaufte „Christen"; ihre Erzeugnisse und ihre Verbrauchsgewohnheiten sind es, die das uns heute beschleichende ökologische Unbehagen verursachen. Auf dem Gebiet der Umwelt-Belastung herrscht da eine erstaunlich perfekte „ökumenische Geschlossenheit und Komplizenschaft". Es liegt nahe, die ironisch-sarkastische Bemerkung zu machen: Wenn die beiden christlichen Konfessionen auf dem Sektor der ökumenischen Einheitsbestrebung mit derselben Einträchtigkeit operierten wie auf dem Gebiet der ökologischen Gefährdung, dann wäre das Fernziel der Ökumene in nächste Nähe gerückt.

Nun könnte es sein, daß Christen sich gar nicht anders verhalten können, gerade weil sie an die christliche Botschaft glauben, die ihnen in den biblischen Schriften geoffenbart wurde. Möglicherweise liegt die Schuld an der ökologischen Misere an der biblischen Botschaft selbst. Es sind ja einige Autoren genannt worden, die das behaupten. Diesem Vorwurf entgegnen aber sowohl evangelische als auch katholische Theologen, die Bibel selbst sei keineswegs schuld; im Gegenteil, sie kenne ein ausgesprochen umweltfreundliches (ökophiles) Welt- und Menschenbild. „Es gibt keinen exegetischen Grund, dem biblischen Aufruf zur Herrschaft über die Erde das Motiv der Ausbeutung und Despotie zu unterstellen" (G. Altner). Die jüdisch-christliche Tradition intendiere nicht die Zerstörung der Natur; die „gnadenlosen Folgen" seien lediglich Folgen einer christlichen Ungehorsamsgeschichte.

II. Eine Theologie der Umwelt

1. „Macht euch die Erde untertan!"

Prüfen wir selbst, worin die Bedeutung der immer wieder herangezogenen biblischen Texte besteht. Am meisten umstritten ist die Interpretation der Worte: „Macht euch die Erde untertan!"

Dieser geschichtsmächtige und folgenschwere Satz befindet sich im ersten Buch Mose, der sogenannten „Genesis" (= Bericht von der Entstehung der Welt), im ersten Kapitel Vers 28, meist abgekürzt mit Gen 1,28. Das ist die *heikelste ökologische Passage* des Alten Testaments, der biblischen Schriften überhaupt. Deswegen sei der vollständige Wortlaut — im Zusammenhang — wiedergegeben:

„Dann sprach Gott: 'Laßt uns den *Menschen* machen als *unser Ebenbild,* uns ähnlich! *Herrschen soll er über die Fische des Meeres, über die Vögel des Himmels, über alles Wild des Feldes und über alles Gewürm, das am Boden kriecht!'* So schuf Gott den Menschen als sein Abbild . . . Er schuf sie als Mann und Frau. Und Gott segnete sie. Dann befahl ihnen Gott: 'Seid fruchtbar und mehrt euch. Erfüllt die Erde und macht sie euch untertan! Herrscht über die Fische des Meeres . . . und über jedes Lebewesen, das sich auf Erden regt!' "

Der Begriff „Untertanmachen" löste eine erregte Diskussion aus. Das im hebräischen Urtext benutzte Wort *kabasch* hat unter anderem die Bedeutung: „drauftreten"; so gefaßt, drückt es einen massiven, ja brutalen Unterwerfungsakt aus. Auch in der aramäischen und assyrischen Sprache bringt das entsprechende Tätigkeitswort einen ziemlich ag-

gressiven Eingriff zum Ausdruck: „unter die Füße treten, unterwerfen, unterjochen, dienstbar machen, vergewaltigen". Im Hebräischen kommt diesem *kabasch* an verschiedenen Stellen allerdings eine abgeschwächte Bedeutung zu; es meint dann einfach: „Herrschaft ausüben", Land erobern und in Besitz nehmen. In diesem Sinne ist es im Text Gen 1,28 zu verstehen. Dafür spricht der ganze Zusammenhang. Die Befehlsform „herrscht" über . . . ist mit dem hebräischen *radah* ausgedrückt, das meistens „lenken und leiten" heißt. *Radah* bezieht sich insbesondere auf das Verhalten zwischen Mensch und Tier, speziell zwischen dem Hirt und den Schafen. Er „waltet" über die ihm anvertraute Herde. In Gen 1,28 schlägt noch die akkadische Urbedeutung des Wortes durch: die Tätigkeit des Begleitens und Mit-sich-Führens (von Tieren in der Karawane). Demnach geht es um ein „Herrschen" im Stil eines leitenden, hegenden Verhaltens. „Herrscher" ist der, welcher „auf die Weide führt" und das ihm anheimgestellte Leben am Dasein erhält. Wer den Akt des *„Radah"*-Herrschens vollzieht, sorgt für Nahrung und sichert Lebensraum.

Im Alten Orient wird die Tätigkeit eines Hirten oft als Bild für königliches Herrschen verwendet. Weil *kabasch haarez* bedeuten kann: „die Erde für Viehzucht und Siedlung nützen", sind an unserer Textstelle die Begriffe *kabasch* (Untertanmachen) und *radah* (herrschen) als zwei Stilformen ein und desselben Grundverhaltens zu verstehen. Dieses Begriffs-Duo will zum Ausdruck bringen, daß der von Gott geschaffene Mensch die Erde in Dienst nehmen und so verwalten, „beherr-

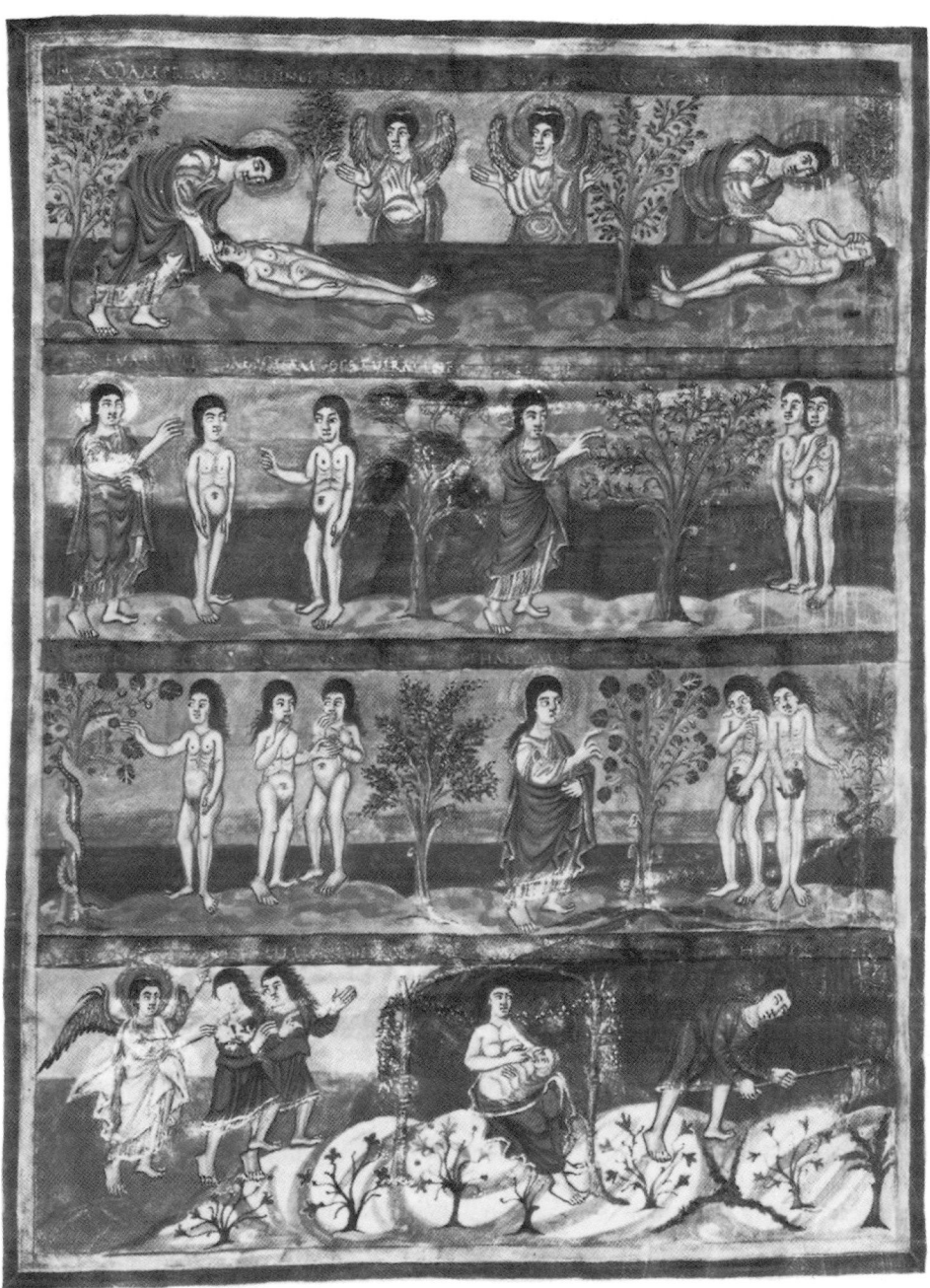

schen" soll, daß auf ihr alles von Jahwe ins Dasein gerufene Leben Chancen der Entfaltung hat. Der Mensch erhält den Auftrag, den Boden zu bebauen und die Erde bewohnbar zu machen.

Daß sowohl *kabasch* als auch *radah* eine schrankenlose, willkürliche Herrschaft über die Erde verbieten, ergibt sich aus zwei Indizien:

1. Als Nahrung werden den Menschen die Obstbäume und Getreidesorten, den Tieren das Gras des Feldes zugewiesen (Gen 1,29f).

2. Dem die Erde bearbeitenden Eingriff des Menschen werden dadurch Grenzen gesetzt, daß der Schöpfer eine „Ordnung" vorgibt: Wie er nur an sechs Tagen seine schöpferische Herrschaft über die Erde ausübt und am siebten Tag feiert, so soll sich auch der Mensch an jedem siebten Tag vom Arbeiten für das Feiern freimachen. „Sechs Tage magst du arbeiten und alle deine Geschäfte verrichten! Aber der siebte Tag ist ein Ruhetag . . . Da darfst du keinerlei Arbeit tun" (Dtn 5,12). Das Sabbatgebot verbietet nicht nur unbeherrschte Arbeitswut, sondern verordnet überhaupt Maßhalten beim Vollzug des Gebots, die Erde untertan zu machen.

Ein weiterer biblischer Text von zentraler ökologischer Bedeutung ist Gen 2,15; diese „Gartenerzählung" wird dem „Jahwisten" zugeschrieben. Ihr aber ist die sog. „Ackerbodenerzählung" vorgeordnet. Gott bildet gleich einem Töpfer den Menschen aus Erde und schafft ihn zu einem lebenden Wesen, indem er ihm göttlichen Atem einhaucht. Dieser Mensch ist „Adam", das heißt ein Wesen, das aus der Erde (*adamah*) stammt, vom lehmigen Ackerboden kommt. Dennoch ist der Mensch mehr als der Boden; denn er empfängt direkt vom Schöpfer den Lebensatem (Gen 2,7). Nun geht Gott an die Erschaffung der Tiere; diese bilden eine Gemeinschaft mit Adam; er braucht nicht allein zu sein (Gen 2,18). Er erprobt seine geistigen Fähigkeiten, indem er den Tieren Namen gibt. Im Alten Orient bedeutet Namengebung Ordnung und „In-Besitz-Nahme" der benamten Wesen. Jahwe entläßt Adam auf den Ackerboden, damit er diese Erde in Ordnung bringe, gestalte und bearbeite.

In der „Gartenerzählung" beschreibt der Autor, wie Gott der Herr den Menschen nahm und „in den *Garten Eden* brachte, damit er ihn *bebaue* und *pflege"* (Gen 2,15). Nicht vom Menschen, sondern von Gott wurde diese Gartenlandschaft angelegt. Es ist ein wahrhaft göttlicher Garten, herrlich ausgestattet mit Wasser, Flüssen, Tieren, Edelsteinen — ein echtes Paradies. Alles, was im Garten lebt und gedeiht, ist dem Menschen anvertraut — und vertraut, ja traut. Er lebt in intimer Gemeinschaft mit Gott, der ihn und diese prachtvolle Umgebung geschaffen hat. Da gibt es keine Probleme, schon gar keine ökologischen; denn alle Lebensvorhältnisse stimmen; alles ist reine Harmonie.

Grenzen allerdings hat der Schöpfer gesetzt. Der Mensch soll die Oberherrschaft Gottes anerkennen. Der Baum der Erkenntnis von Gut und Böse, von dem der Mensch nicht essen soll, signalisiert, daß er seine Geistesbegabung nicht grenzenlos einsetzen darf, um das Schöpfungswerk nach eigenem Gutdünken selbstsüchtig auszubeuten. Als Strafe für die Übertretung des Gebots verjagt Jahwe die Menschen aus dem Paradies, die ihren Lebensunterhalt nun in mühseliger Bearbeitung des Ackerbodens sichern müssen. Fortan ist nicht nur das Verhältnis des Menschen zu Erdboden und Natur gestört, sondern auch die Beziehung der Menschen untereinander. Der eine erhebt sich über den anderen; als Konkurrenten suchen sie ihre eigenen Vorteile.

Der Mensch, dem der Zugang zur Mitte des Gartens Eden verwehrt war, hielt sich nicht an das Verbot; er wollte wie Gott werden. Die verführerische Suggestion der „Schlange" hat die heile Welt zum Einsturz gebracht. Nunmehr setzt der aus Eden verbannte Mensch seine eigenen Kräfte ein; er ist auf sich selbst gestellt. Die ganze Schöpfung wird vom Fluch getroffen. Adam hat die ursprüngliche „Unschuld" verloren, die ihn befähigte, den paradiesischen Garten Eden zu hegen und zu pflegen. Der Erdboden leistet fortan Widerstand; er macht „zu schaffen" — im wahrsten Sinn dieses Wortes. Beim Ernten des „Grases der Felder" (Gen 3,18) gerät der Mensch ins Schwitzen. Die „Dornen und Disteln" symbolisieren die widrigen und lästigen Bedingungen, unter denen nach dem Sündenfall die Erde bebaut werden muß.

Geschaffen wurde der Mensch, damit er den Garten Eden „bebaue und pflege" (Gen 2,15). Das hebräische Wort für Bebauen (und Bearbeiten) lautet *abad;* eigentlich heißt es „bedienen". Für „pflegen" (und hegen) steht im hebräischen Urtext das Tätigkeitswort *schamar;* es besagt ursprünglich „Behüten, Bewachen, Bewahren". Für unseren Zusammenhang sind vier hebräische Worte von fundamentaler Bedeutung: Untertanmachen (*kabasch*) — herrschen (*radah*) — bebauen (*abad*) — pflegen (*schamar*). Dieses hebräische Begriffs-Quartett umschreibt nach verschiedenen Seiten das, was man den *Kulturauftrag* des Buches Genesis zu nennen pflegt.

Der Mensch muß in die Natur eingreifen. „Was um des Menschen willen geschaffen worden ist, muß von ihm beherrscht und benutzt werden; deshalb gab Gott ihm Kenntnis von allen diesen Dingen und überließ ihm ihre Versorgung. Gott überläßt dem Menschen die Sorge für Ochsen und andere Tiere, damit sie beherrscht werden durch seine Vernunft" (Hugo von St. Viktor).

Es ist keine Frage, daß der Mensch von seinem Schöpfer beauftragt und ermächtigt wurde, die Erde in Besitz zu nehmen, d.h. in sie einzugreifen, Veränderungen in und an der Natur vorzunehmen. Anders vermag der Mensch nicht zu leben und zu überleben. Er kann sich der Natur nicht „mit Leib und Seele verschreiben, so als verkörperte sie das Leben, denn sie ist auch der Ort der Zerstörung" (G. Siegwalt). Die Natur birgt ja nicht nur Heil, sondern bringt auch Unheil. Sie ist ambivalent. (Man vergleiche das Bedrohliche eines Vulkanausbruchs und das Bild eines friedlich-stillen Waldsees!) Was wird aus Land, Wald, Garten, wenn wir das dem „natürlichen Schicksal" überlassen? Romantisches Träumen von einer „unberührbaren Natürlichkeit" ist eine gefährliche Täuschung.[5] Ablehnung der Naturwissenschaft und Befeindung der Technik bringen uns nicht weiter, da wir nun einmal die uns anvertraute Erde „mit dem Kleid der Technik und Industrialisierung bekleidet haben" (G. Liedke). Die uns gestellte, freilich recht schwere Aufgabe besteht darin, die Spannung zwischen dem Eingriff in die Natur einerseits und der Bewahrung der Natur andererseits zu versöhnen und in ein gewisses Gleichgewicht zu bringen.

2. Der Mensch — Gottes Ebenbild

Als Gottes Ebenbild ist der Mensch dazu bestellt und berufen, seine (Um-)Welt mit Vernunft und Weisheit sinnvoll zu gestalten. Diese vom Schöpfer gegebenen Begabungen sind das Maß im Beherrschen der Erde. Im alttestamentlichen Buch der „Sprüche" wird geschildert, wie Gott die ganze Schöpfung in Weisheit erschafft und ordnet. Geradezu ein Modell „biblischer Ökologie" liegt folgendem Text zugrunde: „Er besaß mich (die Weisheit) im Anfang seiner Wege, von Anbeginn, noch bevor Er etwas geschaffen hat. Vom Urbeginn bin ich eingesetzt, bevor die Erde ward. Noch waren nicht die Abgründe, und ich war schon empfangen, noch waren nicht die Wasserquellen hervorgebrochen. Noch hatte Er (Gott) die Erde nicht gemacht, die Flüsse und die Angeln des Erdkreises. Als Er die Himmel herstellte, war ich zugegen; als Er nach festem Gesetz den Kreis zog um die Wassertiefen, als Er den Wolkenhimmel oben befestigte und die Wasserquellen abwog, als Er dem Meer ringsum seine Grenzen anwies und den Wassern das Gesetz gab, ihre Grenzen nicht zu überschreiten, als Er die Grundfesten der Erde legte, da war ich bei Ihm und ordnete alles" (Spr 8,22-32).

Ökologische Relevanz

Die Begriffe Festlegung, Begrenzung und Ordnung sind von besonderer ökologischer Relevanz. Die Erde ist als Schöpfung ein von der göttlichen Weisheit durchwirktes und geordnetes Werk. Alles hat seinen bestimmten Platz, seinen spezifischen Stellenwert, seine präzise Funktion, seine umschriebene Aufgabe. Ebenbild Gottes ist der Mensch dann, wenn er sich an der Weisheit und Güte des Schöpfers orientiert, der sich fürsorglich um alle Geschöpfe kümmert: „Du läßt die Quellen sprudeln, allen Tieren des Feldes spenden sie Trank. Du tränkst die Berge aus deinen Kammern, aus deinen Wolken wird die Erde satt. Du läßt das Gras wachsen für das Vieh, auch Pflanzen für den Menschen, die er anbaut, und Wein, der das Herz des Menschen erfreut. Die Bäume trinken sich satt, auf ihnen bauen die Vögel ihr Nest. Herr, wie groß sind deine Werke; in Weisheit hast du sie alle geschaffen" (Ps 104,10-14). Die Werke sind „zahlreich wie der Sand" (Ps 138,17). Allem gibt der Herr „Speise zur rechten Zeit" (Ps 104,27).

Der Schöpfer verdient Lobpreis, weil er die Menschen „mit kluger Einsicht erfüllte" (Sir 17,7).

Der Mensch ist vernunftbegabt

Des Menschen *Gottebenbildlichkeit* bedeutet in erster Linie *Vernunftbegabung*. „Vernünftig" muß das Schöpfungswerk beherrscht und „gelenkt" werden. Veruntreuung, Ausbeutung und Plünderung der Ressourcen widersprechen der gottebenbildlichen Begabung des Menschen, der des Schöpfers Ebenbild sein soll. Als Ebenbild Gottes, dessen „Blick alle Tiefen ergründet" (Dan 3,54), muß der den biblischen Kulturauftrag wahrnehmende Mensch aus der göttlichen Weisheit schöpfen, damit er die Erde im Sinne ihres Schöpfers zu nützen vermag. Der dem Ackerboden entstammende Mensch erhielt den göttlichen Auftrag, diese seine *Herkunfts-Erde sorgsam zu erhalten und behutsam zu pflegen*. Gott übergibt seine Schöpfung nicht einem eigen-mächtigen Menschen, der sein Dasein sich selbst verdankt. Vielmehr bleibt er in allen Beziehungen rück-

gebunden an Gott, von dem ihm jene Maßstäbe zukommen, mit denen er sein Verhalten zur Welt und Natur be-messen soll. Als kreatürliches, d.h. geschaffenes Wesen hat der Mensch seinen letzten Grund nicht in sich selbst.

Der Mensch ist Verwalter der Erde

Ermächtigung zur verantwortlichen *Verwaltung der Erde* ist kein Freibrief für Ausbeutung, sondern moralische Bevollmächtigung, die vom Schöpfer vor- und aufgegebenen Ausstattungen der Natur weise zu betreuen, die Schöpfungsschätze gewissenhaft zu hüten. „Der Herr ist es, der die Erde geformt hat — Er ist es, der sie erhält, Er hat sie nicht als Wüste erschaffen, Er hat sie zum Wohnen gemacht" (Jes 45,18). Wir Menschen sind eher Verwalter als völlig autonome Eigentümer und „Besitzer" der Natur. Gott gehört die Welt und „alles, was sie umschließt" (Ps 50,12). Mit dem „Kulturauftrag", die Erde untertan zu machen, wird der Mensch angewiesen, der ganzen Schöpfung als „Herr", d.h. als besonnener, weiser Hüter vorzustehen. Als „Krone der Schöpfung" kommt dem Ebenbild Gottes die Aufgabe zu, dem göttlichen Schöpfungswerk zu „präsidieren". Die gemeinte Herrschaft ist eine *„Präfektur" der Erde.* Über die Erde herrschen bedeutet nicht eigenwilliges Walten, nicht selbstherrliches Befehlen, nicht tyrannisches Verfügen, nicht aggressives Plündern, nicht brutales Zuschlagen, nicht machtgierige Ausbeutung, nicht sadistisches Unterjochen. Vielmehr ist richtig verstandene Herrschaft eine *verantwortliche, königlich-hoheitliche Aufgabe gewissenhafter Betreuung eines anvertrauten Gutes.*

Die Befugnis zur Herrschaft über die Erde ist Folge der Gottebenbildlichkeit. Der Mensch herrscht als Repräsentant und Statthalter Gottes für alles, was auf dieser Erde lebt. Gott delegiert die Herrschaft an den Menschen. Wenn dieser seinen Herrschafts-Auftrag zu interpretieren versteht, dann verhält er sich als *Öko-Autorität,* d.h. als jemand, der sich befähigt und verpflichtet weiß, die ihm als leicht zerbrechliches Geschenk anheimgegebene Erde wohlwollend zu betreuen. Als väterlich sorgender Verwalter der irdischen Behausung spielt er nicht die Rolle eines unbeherrscht und wild um sich schlagenden Haustyranns, sondern die eines bedacht kultivierenden, besonnen hegenden, fürsorglich pflegenden, gewissenhaft schützenden *Anwalts der Erde.*

„Öko-ethische Kompetenz"

Bei der Wahrnehmung des biblischen Kulturauftrags wird der Mensch immer wieder in Konflikte getrieben. Es ist nicht leicht, den richtigen Umgangsstil mit der Natur zu finden, die Spannung zwischen Veränderung und Bewahrung, zwischen Nutzung und

48

Schutz, zwischen Vernutzen und Benutzen, zwischen Ausbeuten und Hegen, zwischen Verderben und Hüten auszugleichen. Damit der Mensch die Fähigkeit gewinnt, den richtigen Kurs zu fahren, muß er so etwas wie eine öko-ethische Lenkungslizenz erwerben. Erst dann, wenn er einen solchen „Führerschein" (vgl. den oben genannten Begriff *radah*, lenken, leiten) gemacht hat, besitzt er die wirkliche „Berufung" zur „Untertanmachung" der Erde.

Dem Menschen obliegt die Aufgabe eines ökologischen Moderators. Wenn wir die Schöpfung verwalten, dann „moderieren" wir sie, indem wir Spannungen ausgleichen, Gegensätze überwinden. Zu den Grundkursen der öko-ethischen Fahrschule gehören Themen wie:

— Die mit der Gottebenbildlichkeit gegebenen Rechte und Pflichten;

— Kennenlernen der vom Schöpfer in die Schöpfung weise eingestifteten Ordnung;

— Vertrautmachen mit der Idee, daß die Erlaubnis zu Eingriffen begrenzt und die Schöpfung letztlich unverfügbar ist.

Ein Mensch, der diese „Kurse" nicht belegt und studiert, wird nicht zum „ökologischen Konservator" (Erhalter und Bewahrer), sondern zum Zerstörer des Hauses Erde.

Mensch und Natur — eine solidarische Schicksalsgemeinschaft

Die Bibel hat ein ganzheitliches Weltverständnis, das Mensch und Natur umgreift. Alles Geschaffene ist dadurch miteinander verbunden, daß es von einem einzigen Ursprung herrührt, von seinem Schöpfer Gott. Wir Menschen sind schicksalhaft auf die Natur angewiesen. Geht es ihr schlecht, dann geht es, wenn nicht heute, so doch morgen den „Haushaltern", d.h. uns Menschen, schlecht. „Das Los des Menschen ist an das Los der Natur selbst gebunden", sagte der französische Naturwissenschaftler und Theologe Teilhard de Chardin. Mensch und Natur sind nicht isoliert im irdischen Hauswesen lebende Wesen, sondern einander korrespondierende, d.h. „antwortende" Größen. Nur in geschlossener Einheit und als Ganzes erfüllen sie den Sinn ihres Daseins.

In dieser Sicht lassen sich die biblischen Aussagen über die Schöpfung mit Erkenntnissen der modernen Naturwissenschaft in Einklang bringen. Denn sie beschäftigt sich vor allem mit dem Netz der Beziehungen zwischen Mensch und Natur, mit den Zusammenhängen, durch die wir als körperliche Wesen abhängige Teile der Natur sind. Der Mensch kann sich nur als Bestandteil der Natur begreifen. Das christliche Weltbild und die moderne Ökologie gehen vom Ganzheitsdenken aus. Natur und Mensch bilden eine Solidargemeinschaft — auf Gedeih und Verderb. Ohne Zukunft der Schöpfung keine Zukunft der Menschheit. Menschliches Dasein ist eingebettet in einen Rhythmus, der von Einwirkungen des Himmels, des Meeres, der Flüsse, der Pflanzen bestimmt und vom Tag- und Nachtwechsel getragen wird. Der Mensch ist maß-geblich von der Natur betroffen; die natürliche Umwelt präsentiert ihm eine ganz bestimmte Ordnung, in die er sich einlassen muß, um zu überleben.

Die mannigfachen natürlichen Lebensbedingungen sind Gabe dessen, der das All ins Dasein rief. Das „Gedeihen" und „Glücken" allen Lebens hängt letztlich vom Segen Jahwes ab. Über die segensreiche Zuwendung des Schöpfers kann der Mensch nicht verfügen. „Isaak säte und er erntete hundertfältig. Der Herr segnete ihn; der Mann wurde reicher und reicher" (Gen 26,12-14; vgl. 27,28; Num 24,5-7).

Die elementaren Vorgaben menschlichen Daseins sind nicht machbar. Daß die Natur so wunderbar und vielfältig ausgestattet ist, stellt ein Zeichen gütiger Gewährung durch den Schöpfer dar: der Himmel mit den zeitanzeigenden Gestirnen (Gen 1,6-8; 1,14-18), die Erde als Lebensraum (Gen 2,4), der anbaufähige Boden (Gen 2,5), das Weideland mit Tieren (Gen 2,19), Nutzpflanzen (Gen 2,5), der Weinstock (Gen 5,29), Bewässerung (Gen 2,5), Luftraum (Ps 104,2-4), Festland (Ps 104,10-24), Meer (Ps 104,25f), Berge als Lebensraum der Tiere (Ps 104,18), Gras als Nahrung für das Vieh (Ps 104,14), Pflanzen für Brot und Wein (Ps 104,14f). Die herrliche Schöpfungsfülle hat Sinn und Wert in sich, vor jedem menschlichen Zutun und Eingriff. Deswegen muß der Mensch seinen Umgang mit dieser Natur an den Vorgaben des Schöpfers bemessen; es handelt sich nicht um Mittel und Material für autonomen menschlichen Willen und rein selbstgesetzte menschliche Interessen.

Unerbittlich ist der Mensch auf das von der Natur Gebotene angewiesen. Er kann nicht über den lebenspendenden Regen eigenmächtig verfügen. Jahwe ist Herr des Regens; er schickt ihn auf die Erde (Ijob 5,10). Hemmt er das Wasser, dann kommt Dürre (Ijob 12,15). Die vom Schöpfer „gespendeten" Quellen erfrischen Menschen und tränken alles Getier des Feldes (Ps 104,10).

Elementarer und massiver kann die schicksalhafte Verwobenheit der Menschen in die Natur nicht geschildert werden. Das All ist ein gottgewolltes *Allianz-System;* Mensch und Natur bilden einen ganzheitlichen Zusammenhang. Wir Menschen sind total einbezogen in ein stetes Geschehen göttlicher Lebensvorgabe und „sehr guter" Lebensausstattung. Der Mensch, der ja selbst aus dem Staub der Erde stammt und wieder zu ihm zurücksinkt (vgl. Ps 104,29), hängt von den — großzügig gewährten — Lebensmitteln der Natur ab; ohne Überleben der Natur keine Überlebenschance des Menschen. Das Leben des Menschen in, mit und von der Natur ist gewährt. Alle Geschöpfe „warten auf dich, o Herr, daß du ihnen Speise gibst zur rechten Zeit . . . Öffnest du deine Hand, werden sie satt an Gutem" (Ps 104,27-30). Sämtliches Leben, auch die Ermöglichung menschlichen Lebens, ist Gabe und gütige Zuwendung; Lebensraum, Lebensversorgung und Lebensfrist liegen in der Hand des Schöpfers.

Die solidarische Verbundenheit des Menschen mit der Natur und die dramatische Verwiesenheit auf sie gelten auch, wenn es um die Erlösung geht. Die außermenschliche Kreatur liegt gemeinsam mit den Menschen „in Seufzen und Wehen" (Röm 8,18-23). In der Hoffnung auf Erlösung sind Natur und Mensch genossenschaftlich vereint und solidarisch verbunden. Die Natur wartet auf das „Offenbarwerden der Kinder Gottes". Wir Menschen müssen die ganze Schöpfung auf den zurückführen, auf den hin sie geschaffen ist (vgl. Kol 1,17).

Natur und Mensch müssen also zusammenarbeiten. Das Wohl unseres planetarischen Lebensraumes ist nur dann garantiert, wenn sich die beiden, Mensch und Natur, „verstehen", wenn sie sinnvoll (gott-gewollt) zusammen-leben, statt sich widersinnig (schöpfungswidrig) auseinanderzuleben. Die Beziehung des Menschen zur Umwelt-Natur muß von jener Brüderlichkeit und Schwesterlichkeit geprägt sein, die der hl. *Franz von Assisi* im Sinn hatte, als er in seinem Sonnengesang alle Geschöpfe anredete.

3. Franz von Assisi redet mit den Vögeln

Unter der heutigen Jugend gibt es viele, die sich geradezu ekstatisch an der Erzählung jenes Häuptlings Seattle berauschen und gebannt seiner Botschaft lauschen: „Wir gehören der Erde. Was wir der Erde antun, wird auf uns zurückkommen — die Erde ist unsere Mutter, und seine Mutter bringt man nicht um." Wenn hier die Einsicht ausgesprochen wird, daß der Mensch in die ökologischen Gesetzmäßigkeiten natürlicher Lebensabläufe eingebunden ist und bleibt, dann kann der Christ dem nur zustimmen; er weiß sehr wohl darum, sofern er die ihm geoffenbarte Botschaft von der Schöpfung des Alls zur Kenntnis nimmt und begreift. Da heißt es in der Rede des Indianerhäuptlings: „Die duftenden Blumen sind unsere Schwestern, die Rehe... sind unsere Brüder... Alle Dinge sind miteinander verbunden. Was die Erde befällt, befällt auch die Söhne der Erde." Wem kommt da nicht der „Sonnengesang" des hl. Franz von Assisi (1182—1226) in den Sinn? Allerdings ist Vorsicht geboten vor einer vor-

schnellen Harmonisierung. Man darf die ungleichen kulturgeschichtlichen Hintergründe nicht übersehen. Für den „Indianismus" ist eine natur-mystische Grundeinstellung typisch; sein „Animismus" sieht die ganze Natur mit „Geistern" besetzt, die dem Menschen Angst einjagen und durch Opfer besänftigt werden wollen. Demgegenüber sieht der jüdisch-christliche Glaube alle Naturdinge als Schöpfungswerke des einen Gottes, der ihnen bestimmte (natürliche) Gesetze eingestiftet hat. Die Natur vergöttlichen zu wollen, widerspricht dem christlichen Weltverständnis. Es hilft uns heute auch nicht weiter, wenn wir einem (besonders im 16. Jahrhundert in Europa entwickelten) Bild vom „edlen Wilden" nachträumen oder nachtrauern und dabei vergessen, daß jenes „Goldene Zeitalter" recht düstere Seiten hatte. Von Literaten und Reisenden ist viel „hineingeheimnist" worden. Außerdem muß beachtet werden: In der uns heute vorliegenden Botschaft des Indianerhäuptlings Seattle handelt es sich um eine Übersetzung, die ein in unserer Zeit (1973) lebender Dichter nach einer aus der zweiten Hälfte des 19. Jahrhunderts tradierten Rede mit modernen ökologischen Farbtupfern versehen hat. Dabei ist eine Dichtung entstanden, die als Neuauflage biblischer Schöpfungsbotschaft und als poetische Variante des franziskanischen „Sonnengesangs" anmutet. Sind die indianischen „Söhne der Erde" denn etwas anderes als der alttestamentliche „Adam"? Mit dem Wort „Adam" wird die Boden- und Naturverwandtschaft, die irdene, chtonische Qualität des Menschen noch viel drastischer und elementarer zum Ausdruck gebracht als mit dem Wort „Sohn". Adam, d.h. der Mensch, ist ja jenes Wesen, das aus adamah, d.h. der rötlichen Ackerscholle, gebildet wurde.

Bei Franz von Assisi, den Papst Johannes Paul II. zum Patron des Umweltschutzes ernannt hat, ist die Mitleidsfähigkeit mit aller Kreatur entscheidend. An der biblisch geoffenbarten Solidarität allen Lebens auf dieser Erde hat er abgelesen, daß zwischen Natur und Mensch eine Korrespondenz besteht, und zwar eine echte, buchstäbliche. Er hat gewußt: Wer die Natur nicht liebt, verweigert sich sozusagen die Annahme eines Briefs, den Gott uns schreibt.

Der hl. Franz war ein noch „urtümlicher Instinktmensch" (Mislin): er besaß ein starkes Empfinden für Geschöpflichkeit und unverbildete Spontaneität. Sein Anliegen: Die Idee unbeschränkter Herrschaft des Menschen über die Geschöpfe durch die Idee von der Gleichheit aller Geschöpfe zu ersetzen. Er betrachtete die Welt „weder mit romantischer Scheu noch mit pantheisierender Gefühlsanwandlung", sondern begriff den ganzen „Naturkosmos" als „Stück des Menschen selber" (Mislin). Vor allem in seinem vertrauten Umgang mit Tieren dokumentiert sich eine ungetrübte Verbundenheit mit der „vernunftlosen" Kreatur. Seine Naturinnigkeit erwächst aus dem Bewußtsein, daß alle Geschöpfe einen gemeinsamen Ursprung haben. Was Franziskus in seiner „Partnerschaft mit der Natur vorlebte, war die Eliminierung der dominierend ausbeutend-beherrschend-verbrauchenden Grundhaltung. Seine Tat war der Durchbruch zur vornehmlich achtend-pflegend-erhaltenden Partizipation mit aller Natur" (Mislin).

Diese Liebe zur Natur lebt aus einer umfassenden Sympathie zum All, d.h. zu allen Geschöpfen. Das ist eine einzigartige Begabung, allem Leben in der Natur „sympathisch" zu begegnen; dies im eigentlichen Sinn des griechischen Begriffes: Mit-Fühlen, Mit-Empfinden, Mit-Freuen, Mit-Leiden. Da das Wunder der „Mitkreatürlichkeit" nicht in prosaischen und trockenen Worten beschrieben werden kann, singt Franz das Loblied auf die Herrlichkeit des Schöpfungswerkes. Im „Sonnengesang" preist er die All-Verwandtschaft der aus der Hand Gottes hervorgegangenen und von ihr sorglich behüteten Schöpfungswunder. Seine Kreatur-„Sympathie" gipfelt darin, daß er auch mit der unbelebten Natur in sprachliche Verbindung tritt und so geistigen Kontakt mit ihr aufnimmt. Franz von Assisi war kein Naturschwärmer. Die „Solidarität" zwischen Mensch und Natur ist für die alttestamentlichen Schöpfungsberichte selbstverständlich. In der Person des Franz von Assisi wird die bibeltheologische „Lehre" in existentielle Praxis und poetische Form zugleich umgesetzt. Die vom Häuptling Seattle leidenschaftlich formulierten Sympathie-Bekundungen für die Erde reflektieren indianische Lebensweisheiten. Warum sollten wir uns heute an diesen orientieren, da wir im „Buch der Bücher" nicht nur denselben Weisheitsschatz, sondern auch den Auftrag an den Menschen finden, sich diese seine Erde untertan zu machen. Freilich muß die umweltfreundliche Botschaft der Bibel deutlicher als bisher zum Bewußtsein gebracht werden. Wenn man heute bei indianischen Naturphilosophien und ostasiatischen Religionen Zuflucht und Orientierung sucht, dann auch deswegen, weil das Bewußtsein für die Welt als Schöpfung im „Bereich der christlichen Kirchen außerordentlich verkümmert" ist (K. Lehmann). Das Christentum muß seinen Reichtum an Schöpfungstheologie, Schöpfungspoesie und Schöpfungsethik mehr als bisher herausstellen.

4. Die Mühsal und das Kreuz

Verlorene Harmonie in der Schöpfung

Damit wir uns keine Illusionen vom Gelingen der Herrschaft über die Erde (Natur) machen, müssen wir die Tatsache im Blick behalten: Die ganze Schöpfung „seufzt". Auch diese Offenbarung gehört zum Evangelium. Das „Paradies" des alttestamentlichen Schöpfungsberichtes ist verloren. Wir sind aus jenem Garten des totalen Heils vertrieben worden. Die in der Sünde ausbrechende Revolution gegen die Herrschaft Gottes hat die einstige Harmonie zerstört, einen Keil zwischen Schöpfer und Schöpfung getrieben. Mensch und außermenschliche Schöpfung geraten in eine verhängnisvolle Leidensgemeinschaft. Der Mensch seufzt und stöhnt fortan, wenn er im „Schweiß des Angesichts" Hand anlegen und sich mit Dornen und Disteln herumschlagen muß. In der von der Sünde geprägten Welt bedeutet Arbeiten auch Strafe (Gen 3,17). Aufschlußreich ist, daß die ersten Städtebauer und Erfinder Nachkommen Kains sind. Damit wird angedeutet, wie unheimlich das zum Instrument der Selbstbehauptung gewordene technische Werk werden kann. Vorbei ist es mit der einstigen „Herrlichkeit" — im wahrsten Sinne des Wortes. Damals lebte der Mensch — ohne Mühsal und Plage — im wahrhaft göttlichen Garten. „Eden" war herrlich ausgestattet mit Wasser, Flüssen, Tieren, Edelsteinen. Alles war dem Menschen anvertraut und vertraut; er lebte in der „Intimität Gottes", der ihn mit dieser prachtvollen Umgebung beglückte. Es herrschte „Schalom", d.h. die Beziehung des Menschen zu seinem Schöpfer war in Ordnung, das Verhältnis des Menschen zu sich selbst war störungsfrei, die Beziehung zu den Mitmenschen war friedlich, der Umgang mit der Natur (Pflanzen und Tieren) war von liebender Sorgfalt geprägt. Jener Schalom war ein Zustand totalen Heils, sämtliche Beziehungen waren harmonisch. Geradezu „spielend" bewältigte der paradiesisch versorgte Mensch sein Dasein; Leben und Überleben waren zugesichert; in derart absoluter Geborgenheit waren Angst und Sorgen unbekannt.

Das wurde nach dem „Sündenfall" anders. Fortan liegt die Schöpfung, Mensch und Natur, im argen. Die ursprünglich leidfreie Welt beginnt zu „stöhnen" und zu „seufzen" (Röm 8,19). Die gesamte Schöpfung, die von Gott als „sehr gut" bezeichnet wurde, wird von einer schrillen Dissonanz zerrissen. Das einst wohlklingende Lied der Schöpfung ist durch einen widrigen Mißton gestört. Nun „stimmt" etwas nicht mehr; genauer: Das Ganze stimmt nicht mehr.

In der Sündenfallgeschichte (Gen 3) wird erzählt, daß die ursprüngliche Ordnung aus den Fugen geriet. Der Mensch, welcher die Früchte vom verbotenen Baum inmitten des Paradieses kostet, durchbricht selbstherrlich die ihm gesetzten Grenzen. Was „gut und böse" ist, will er sich nicht von Gott sagen lassen, sondern selbst bestimmen und eigenmächtig festlegen. Adam und Eva beanspruchen, ihre eigenen Gesetzgeber zu sein; sie wollen Gott selber werden. Die Strafe folgt auf den Fuß: Sie werden aus dem Garten Eden verjagt; nun müssen sie den Lebensunterhalt in mühseliger Bearbeitung des Ackerbodens erwerben. Nicht nur das Verhältnis des Menschen zum Erdboden, zur Natur ist gestört, sondern auch die Beziehung der Menschen untereinander. Der eine erhebt sich über den andern; jeder ist des anderen hartgesottener Konkurrent, der neidisch auf den Erfolg seines Nächsten blickt. Eigenwilligkeit und Überheblichkeit belasten die Beziehung zum Schöpfer. Die ganze Schöpfung wird vom Fluch getroffen. Der Mensch, der sich auf sich selbst verlassen will, übernimmt die Last, die Schöpfung durch eigene Kraftanstrengung untertan zu machen und zu beherrschen. Die „Unschuld" der Begabung, das Paradies zu hegen und zu pflegen, hat er eingebüßt. In Zukunft leistet der Erdboden Widerstand; die Natur wird „zu schaffen machen" — im wahrsten Sinn dieses Wortes. Die widrigen Bedingungen, unter denen nach dem Sündenfall die Erde bebaut werden muß, kommen symbolisch zum Ausdruck in den „Dornen und Disteln".

Die Arche wartet,
Herr,
die Arche wartet auf das Wollen Deiner Güte!
Und auf das Zeichen Deines Friedens ...
Ich bin die einfältige Taube.
Einfältig!
Wie die sanfte Huld, die von Dir her kommt.
Die Arche wartet,
Herr!
Sie hat gelitten ...
Laß mich ihr bringen
diesen Zweig der Hoffnung und der Freude!
Und niederlegen im Herzen ihrer Hingegebenheit
die makellose Gnade,
mit der Deine Liebe mich umkleidet hat!

Amen.

Umweltschutz — ein „dorniges" Geschäft

Nicht nur die Arbeit der Bebauung der Erde, sondern auch die Arbeit der Befreiung der Erde von ihren ökologischen Verwundungen ist vom Sündenfluch gezeichnet. Voller Ironie ist die Tatsache, daß der Mensch, der im Laufe des industrietechnischen Fortschritts die Schöpfung nicht nur betreut, sondern auch „übel zugerichtet" hat, nun vor der mühevollen Aufgabe steht, diese Verunstaltung zu beheben, die drohende Ausblutung der Erde zu beenden, die ökologischen Schäden wenigstens so klein wie möglich zu halten. Wir stehen doch letztlich vor der quälenden Frage: Wieso wendet sich die „Macht, die von Anfang an dem Menschen gegeben war, um damit die Erde zu beherrschen, gegen ihn selbst und ruft diesen verständlichen Zustand der Unruhe, der bewußten und unbewußten Angst und Bedrohung hervor?" (Johannes Paul II.). Eine dramatische Folge der erbsündlichen Verfallenheit ist vor allem die bedrückende und bisweilen erdrückende Spannung zwischen Nutz(ung) und Schutz der Umwelt, zwischen Vernutzen und Benutzen der Erde, zwischen Ausbeuten und Hegen unseres Lebensraumes, zwischen Verderben und Hüten der Schöpfung, zwischen Bewahren und Zerstören der Natur.

In der Tat: Der Schutz unserer Umwelt bringt eine Fülle von schwierigen Problemen mit sich und verlangt bisweilen über unsere Kräfte gehende Anstrengungen. Der ökologisch erforderliche Einsatz hat etwas Tragisches an sich, wird er doch gerade deswegen notwendig, weil wir Menschen uns dermaßen ins Zeug gelegt, abgerackert und eine Situation „erarbeitet" haben, die uns nun wieder neue Arbeit aufbürdet, die nämlich, gefährliche Belastungen unseres Planeten loszuwerden und kritische Entwicklungen zu bremsen.

„Dieselbe Vernunft, die den Menschen von den Schranken der Natur, der Not und Krankheit befreit, ist es auch, die als erbarmungsloses Herrschaftsprinzip Natur und Mensch unterdrückt", ja sie „leistet die Befreiung von der Bedrohung durch Natur gerade durch deren Unterdrückung" (Th. Adorno). Die „widerspruchsvolle Rolle der Vernunft" ist eben ein Indiz der Erbschuld, in die Menschen und Welt verstrickt sind. Die Urentscheidung der Menschen, die vom Schöpfer gesetzten Grenzen zu überschreiten, hat gerade unbarmherzige neue Grenzen zur Folge. Der Mensch, der naturwissenschaftliche Forschung treibt, sie in Technik umsetzt, Industrien aufbaut, wirtschaftlich tätig ist, muß erkennen, daß all diese Leistungen und Prozesse ihre Grenzen haben. Die Naturwissenschaftler müssen die Grenzen ihrer Erkenntnis eingestehen; die Techniker müssen anerkennen, daß nicht alles Machbare auch schon gut ist; Industrie und Wirtschaft dürfen die Natur nicht als wohlfeilen Rohstofflieferanten ausbeuten.

Umweltschutz — ein Kreuzweg

Die an einer Kreuzung (vgl. den oben erklärten Begriff „Krise") der Kulturgeschichte angelangte Menschheit hat — im weitesten Sinn des Wortes — das „Kreuz" des Umweltschutzes zu tragen. Was dies konkret heißt, läßt sich an etlichen Beispielen zeigen.

Wie schwer tun wir uns, hinter die Ursachen des Waldsterbens zu kommen; ganze Teams von Naturwissenschaftlern, Biologen, Forstexperten, Hydrologen, Klimatologen, Wildzoologen werden aufgeboten, um die Hintergründe des sauren Regens zu erhellen. Allein für das Jahr 1985 stellte das Bundesforschungsministerium den Betrag von 9,3 Millionen DM zur Verfügung, damit die Diagno-

se der Wald-Pathologie Fortschritte macht. „Guter Rat" für die Strategie der Rettung unserer Wälder ist „teuer". Die auf diesem Gebiet herrschende geringe Kenntnis und Unsicherheit beruhen auf unterschiedlichen Daten: Die beträchtlichen Schwierigkeiten liegen einmal in der komplizierten Materie (der Waldökologie) selbst, zum andern darin, daß die verschiedenen Wissenschaftler sich mit jeweils verschiedenen Gewichtungen und Prioritäten ihrem Forschungsgegenstand nähern. So ist es verständlich, daß (z.B. auch im Fall des „Tempolimits" und der Kernenergie) zwei Gutachter zu zwei verschiedenen Einschätzungen und Therapievorschlägen kommen; der eine argumentiert Pro, der andere

Kontra. Wie gesagt: Solche Uneinheitlichkeit ist einerseits begreiflich, andererseits bewirkt sie aber beträchtliche Verunsicherung in der Öffentlichkeit. Sie sind zweifellos in nicht geringem Maß mit dafür verantwortlich, daß sich so mancher Zeitgenosse zu persönlichem Engagement, zumal dieses Opfer abverlangt, nicht aufrafft. Diese Zusammenhänge werden kaum erkannt bzw. ausgesprochen. Sowohl auf dem Gebiet der Forschung als auch auf dem der praktischen Anwendung hat die Menschheit einen langen und schweren Weg vor sich. Es besteht kein Anlaß zu leichtsinnigem Optimismus, schon gar nicht zu forscher Überheblichkeit. Allüberall stoßen wir an massive Grenzen. Sie erinnern uns handfest daran, daß wir keinen Grund haben, unser ganzes Vertrauen bedingungs- und grenzenlos in die Allmacht der Wissenschaft zu setzen. Daß das menschliche Erkenntnisvermögen infolge des „Sündenfalls" einen Knacks erlitten hat, zeigt sich heutzutage überdeutlich an dem ganzen Bündel von unzähligen Beschwernissen auf dem Weg zur ökologischen Diagnose und Therapie.

Zu einem wirklichen „Kreuz" kann es werden, über den Bau einer Autobahn entscheiden zu müssen. Hat der Schutz einer ökologisch kostbaren Landschaft Vorrang oder die Verkehrserschließung eines abgelegenen Gebiets? Verantwortliche, d.h. am Gemeinwohl der Bürger und der Natur orientierte Politiker stehen hier in schweren Gewissenskonflikten. Gerade das Aushalten der Spannung zwischen dem, was ökonomisch sein muß, und dem, was ökologisch geboten erscheint, ist ein Reflex der Vertreibung aus dem Paradies, in dem Ökonomie und Ökologie eins waren. Die Bearbeitung des Gartens Eden war ja nichts anderes als seine Hege und Pflege.

Bewirtschaftung bedeutete Bewahrung; Eingriff hieß Schonung; Benutzung diente der Erhaltung.

Zu tragischen Verstrickungen kommt es in unserem belasteten und gestörten Verhältnis zur Tierwelt. Es ist eine schlichte Tatsache, daß vielfach Tierexperimente notwendig sind, wenn bestimmte Medikamente entwickelt werden sollen. Das heißt also: Die Herstellung der menschlichen Gesundheit geschieht weithin auf Kosten der Lebensintegrität von Tieren, sofern sie erheblichen Schmerzen ausgesetzt werden. Die Spannung zwischen Behebung menschlichen Leids und der Bereitung tierischen Leids ist ein Mahnzeichen unserer durch die Erbsünde verwundeten Welt. Offenbar geht nichts, wenn nicht gelitten wird.

Die genannten Störungen beeinträchtigen auch die zwischenmenschlichen Beziehungen. Die ökologische Krise wirkt bis in unsere Familien hinein. Die ökologische Bewegung und ihr entstammende Bürgerinitiativen haben nicht nur zu notwendigen und legitimen Diskussionen geführt, sondern auch zu aggressiven Auseinandersetzungen und feindseligen Haltungen. Es herrscht so etwas wie ein „ökologischer Glaubenskrieg". Zumal die Kontroverse um Kernenergie hat beinahe unversöhnliche Parteinahmen ausgelöst und teilweise den ohnehin schweren Generationskonflikt noch angeheizt. Die Formel „Pro" und „Kontra" Kernenergie spaltet manche menschliche Gemeinschaft. Der ökologisch ausgelöste Unfriede führt zu innenpolitischen Frontbildungen, kommunalen Auseinandersetzungen und Zwistigkeiten innerhalb von Familien. Weil der ökologische Schalom gestört ist, kommt der zwischenmenschliche Friede nicht ungeschoren davon. Derlei Verwicklungen sind klassische, geradezu idealtypische Folgewirkungen des Verlustes der paradiesischen „Unschuld".

5. Eine perfekte Welt — utopischer Traum

Die von den idyllischen Gefilden des paradiesischen Gartens Eden ins „Tränental" dieser Erde vertriebene Menschheit erfährt die unbarmherzigste Grenze ihrer Möglichkeiten dort, wo sie merkt oder wenigstens ahnt, daß es eitel ist, ja von Wahn-Sinn zeugt, diese Welt (wieder) in ein Paradies verwandeln zu wollen. Die Sehnsucht danach ist allerdings recht menschlich; doch die Bedingungen dafür sind nicht gegeben, weder beim Menschen, noch in der außermenschlichen Natur. Die Lage so „demütig" einzuschätzen, hat nichts mit Resignation oder Fatalismus zu tun, sondern lediglich mit Realismus, der nüchtern die uns zukommende Position aufzeigt und über den Spielraum der Chancen aufklärt.

Für das mit enormem Aufwand betriebene Unternehmen Umwelt- und Naturschutz bedeutet dies: Wir brauchen uns nicht darüber zu wundern, daß da manche Rechnung „nicht aufgeht".

Vergegenwärtigen wir uns folgendes Öko-Szenario:

— Ein ganzer Pulk von Fachleuten befaßt sich mit den Hintergründen des Waldsterbens
— Experten machen sich Gedanken über die Müll-Entsorgung (übrigens ein Sorgenpaket, das unseren Großeltern noch erspart blieb)
— es laufen kostspielige geologische, topographische, sicherheitstechnische, chemotechnische Untersuchungen, um geeignete Standorte für die Endlagerung des Atommülls zu finden
— die Landwirte werden ermahnt, beim Ausbringen von Dünger Zurückhaltung zu üben, um die Bodenqualität nicht zu gefährden und den Nitratgehalt des Wassers nicht zu steigern
— den Hausfrauen wird nahegelegt, bei Waschmitteln auf deren Umweltfreundlichkeit zu achten
— die Lufthygienepolitik drängt auf Maßnahmen zur Eindämmung des Ausstoßes von Schadstoffen (vor allem Blei- und Schwefel-Verbindungen)
— die Automobilindustrie rüstet auf neue Technologien abgasarmer, „umweltfreundlicher" Autos um
— für die Bewertung der Kernenergie werden Kernphysiker, Sicherheitsingenieure, Meteorologen, Energieexperten, Hygieniker, Ärzte als Gutachter Pro und Kontra herangezogen; Juristen und Gerichte werden bemüht, um über entsprechende Baugenehmigungen zu entscheiden
— regelmäßige Untersuchungen von Hydrologen (Wasserhaushalts-Spezialisten) werden durchgeführt, um die gesundheitliche Unbedenklichkeit bzw. Zumutbarkeit unseres Trinkwassers zu kontrollieren
— Zoologen, Tierschützer und Tierfreunde strengen Prozesse an, um die zunehmende Verarmung des Tierreichs zu stoppen und unnötig erscheinende Tierexperimente zu unterbinden
— unter bestimmten meteorologischen Bedingungen (Inversions-Wetterlage) „ertönt" Smog-Alarm, der eventuell das private Autofahren einschränkt und den Bürgern „signalisiert", ihre Haushalts-Heizungen zurückzudrehen
— es wird erwartet, daß wir uns die Mühe machen, Müll vorzusortieren und z.B. Glas zu mehr oder weniger in der Nähe befindlichen Containern zu bringen
— es drohen uns steuerliche Belastungen, wenn wir unsere Autos nicht mit Katalysatoren ausstatten

— mit Enteignung hat ein Eigentümer zu rechnen, weil bestimmte Flächen als Naturschutz- bzw. Landschaftsschutzgebiete ausgewiesen werden sollen

— man leitet Touristenströme um, weil eine bestimmte Region von einer Umweltkatastrophe heimgesucht wird oder ein Badestrand wegen Ölverschmutzung die Attraktivität verloren hat.

Diese ökologische Szenenbeschreibung könnte fortgesetzt werden. Aber schon sie genügt, um uns drastisch vor Augen zu führen, daß unser Dasein und Tun zunehmend, oft mehr „unterschwellig" als transparent, unter ökologischem Diktat stehen. Ja, man könnte sagen, das Herrschen über die Erde laufe in steigendem Maß auf Aktivitäten hinaus, die ganz auf den Schutz der Umwelt vor zerstörerischen Einflüssen zielen. Im Grunde sind wir irgendwie in die Defensive gedrängt und gezwungen, eher Schäden abzuwehren, als daß wir uns „offensiv" (d.h. in positiver Zuwendung und Initiative) der Bebauung unserer Erde widmen könnten.

Jedenfalls stellt das gesamte Umfeld der ökologischen Krise geradezu ein Modell von kompliziertesten Verwicklungen dar. Ein Ende der anstrengenden Bemühungen, mit dem Umweltproblem fertig zu werden, ist nicht nur nicht abzusehen, sondern überhaupt nicht „drin". Das „Kreuz" des Umweltschutzes liegt nicht zuletzt darin, daß die Betreiber der gigantischen Maschinerie im Dienste des Schutzes unserer Umwelt gar nicht genau wissen können, ob der Aufwand an „Schweiß" in einem angemessenen Verhältnis zu den geernteten Früchten einer sanierten Natur steht, ob nicht die „Dornen und Disteln" übermächtig wuchern.

So wird uns vom Schöpfungsglauben her die Welt verständlich, die Struktur dieser Erde interpretierbar. Dieses Wissen stellt den biblischen Kulturauftrag erst ins rechte Licht. Er fordert unsere Anstrengungen heraus. Wir haben keinen Grund, in dieser Anstrengung nachzulassen, denn wir sind — und zwar von unserem Schöpfer — zur Arbeit an, in und mit dieser Welt verpflichtet. Arbeiten wir hoffnungs- und vertrauensvoll an einer Verbesserung, allerdings nicht in der utopischen Meinung, allein durch unsere menschlichen Anstrengungen ein irdisches Paradies produzieren zu können! All unser Bestreben, eine schönere Erde, eine glücklichere Menschheit zu schaffen, bleibt Stückwerk; denn die ganze Schöpfung lebt in Angst und Leid; sie liegt in Wehen; sie sehnt sich nach Erlösung. Alle Kreaturen warten sehnsüchtig auf das Offenbarwerden der Kinder Gottes (Röm 8,19).

An der Gebrochenheit der Natur sind wir Menschen schuld; für die Erlösung dieser seufzenden Natur haben wir nun ebenfalls die Verantwortung zu übernehmen. Die ganze außermenschliche Schöpfung richtet ihren Blick auf uns. Wenn wir ihr Leiden mindern, gewinnt die Schöpfung Hoffnung und Lebensauftrieb.

Umwelt- und Naturschutz sind konkrete Beiträge zur Erlösung der Schöpfung. Insofern hat das Bemühen, die ökologische Krise zu meistern, einen erlösungstheologischen Aspekt. Ganz vollzogen ist das Erlösungswerk freilich erst dann, wenn mit dem kommenden Reich Gottes der totale Frieden Einzug hält, wenn Natur und Mensch endgültig versöhnt sind. Dann „wohnt der Wolf beim Lamm. Der Panther liegt beim Böcklein. Kalb und Löwe weiden beisammen, ein kleiner Knabe kann sie hüten . . . Der Säugling spielt vor dem Schlupfloch der Natter, das Kind steckt seine Hand in die Höhle der Schlange. Man tut nichts Böses mehr; denn das Land ist erfüllt von der Erkenntnis des Herrn" (Jes

11,1—9). Nicht Menschen bringen ein solches Paradies zuwege, sondern allein Gott. Da endet das Weinen über ökologisches Leid; denn Gott wird „alle Tränen von den Augen wischen"; unbekannt sind „Trauer" angesichts sterbender Wälder; verstummt sind „Klagen" über die um der Rettung unserer Umwelt willen zu bringenden Opfer; von der „Mühsal", sich die Erde sowohl untertan zu machen als auch die Natur zu schützen, ist keine Rede mehr. Der Landschaft werden nicht nur keine Wunden mehr geschlagen, sondern die „Berge und Hügel brechen in Jubel aus". Diese erschütternden Bilder des ökologischen Schalom beim Propheten Jesaja (55,12f) gipfeln in der tröstlichen Feststellung: „Statt der Dornen werden Zypressen wachsen und Myrten statt der Disteln".

III. Eine Ästhetik der Umwelt

1. Über das Schöne

Ursprüngliche Bedeutung des Wortes Ästhetik: Empfindung und Betroffenheit

Das aus dem griechischen Sprachbereich stammende Wort „Ästhetik" bedeutet ursprünglich die Lehre von der „Aisthesis", d.h. vom Empfinden, vom Spüren, vom sinnlichen, sinnhaften Wahrnehmen der Welt. „Ästhet" ist eigentlich jener Mensch, der seine Sinnesorgane so geschärft hat und derart übt, daß er mit ihnen die Umwelt eingehend wahrzunehmen vermag. Ästhetik meint solche „Empfindlichkeit" selbst und zugleich die Lehre, die Theorie über die biologischen und psychologischen Umstände der sinnlichen Wahrnehmung. Diese ursprüngliche Bedeutung des Wortes Ästhetik kommt noch heute zum Ausdruck: Da, wo im medizinischen Bereich von Anästhesie die Rede ist. Sie wird eingesetzt, um bei einem chirurgischen Eingriff den Patienten gegenüber Schmerzempfindungen „un-empfindlich" zu machen.
Der heutige Gebrauch des Begriffes Ästhetik stellt eine Verengung dar. Als „Lehre von der Schönheit" befaßt sie sich fast ausschließlich mit der Frage, was geschieht, wenn Menschen etwas „schauen", das sie als „schön" empfinden. Es geht um die Wahrnehmung der Umwelt mittels unseres Sehsinnes. Das Betrachtete und als schön Erachtete kann sich entweder im natürlichen Zustand befinden oder eine künstlerische Wiedergabe darstellen: Originale Naturlandschaft — Landschaftsgemälde. Wer den geläufigen Sprachgebrauch verfolgt, merkt allerdings, daß das Eigenschaftswort „schön" nicht nur dem zugeordnet wird, was man „sieht", sondern auch dem, was man „hört". Eine noch weitere Bedeutung gewinnt das Wort „schön", wenn von einem „schönen" Gedicht die Rede ist oder wenn man gar von einer „schönen" Zeit spricht.

Die philosophische Frage nach dem „Schönen"

Ein Lob der Schönheit findet sich bereits beim griechischen Philosophen Platon (428—348). In seinem berühmten klassischen Werk „Gastmahl" gilt der *Anblick des Schönen* als optimale Chance der Vervollkommnung eines Menschen. Zu seinem Wesen gehöre es, nach Kontemplation, d.h. nach Betrachtung des Schönen zu verlangen und dieses so lange wie möglich genießen zu wollen. Auch für den Philosophen Aristoteles (384—322) besteht Erkenntnis besonders in der Kontemplation (theoria).
In der Neuzeit tritt der kontemplative Bezug zur Welt in den Hintergrund; interessant wird jenes Wissen, das zur Herrschaft über die Dinge benutzt werden kann. Zugleich bildet sich — auch als korrektive Gegenbewegung — die Ästhetik als eigenständige philosophische Disziplin heraus.
Definiert wird das Schöne als das, woran man kein „Interesse", jedoch „Wohlgefallen" hat. Für Thomas von Aquin (1225—1274) ist Schönheit das, „was einfach gefällt, wenn es gesehen wird". Gefallen löst das aus, was positiv „anmutet"; daher wird das Wort „Anmut" auch im Sinne von Schönheit verwen-

det; es bezeichnet eigentlich den psychologischen Aspekt der Erfahrung von Schönheit. Wer Gefallen an Wohl-Gefälligem, d.h. an Schönem findet, wird von einem Lustgefühl, von einer Art seelischen Wollust erfüllt. Bei Betrachtung des Schönen ist es der Seele wohl; da genießt sie vollkommene Stille. In seiner „Kritik der Urteilskraft" sieht Immanuel Kant (1724—1804) das Privileg des Genusses von Schönheit darin, daß sie *Wohlgefallen* am Erkannten bzw. Geschauten weckt. Wer solches Wohlgefallen empfindet, hat gerade deshalb kein „Interesse" an der Sache; denn er hegt gerade nicht den brennenden Wunsch, das Ding zu besitzen. Das Ästhetische ist zweckfrei: Die Form des Schönen ist Zweck in sich.

Arthur Schopenhauer (1788—1860) sieht nur einen einzigen Ausweg, dieser unserer Welt, die schlechter nicht sein könnte, zu entkommen: Die Kontemplation des Schönen, welche Heiterkeit und ein Gefühl seliger Wonne hervorruft. Der Mensch muß seinen Verstand von der fixen Idee des Herrschenwollens über das in der Natur Vorfindliche freimachen; andernfalls gelingt es nicht, die Urbilder zu schauen, die in der Natur präsent sind. „Wenn man die gewöhnliche Betrachtungsart der Dinge fahren läßt", schreibt Schopenhauer, und dafür die „ganze Macht des Geistes der Anschauung hingibt, sich ganz in diese versenkt und das ganze Bewußtsein ausfüllen läßt durch die ruhige Kontemplation des gerade gegenwärtigen natürlichen Gegenstandes, sei es eine Landschaft, ein Fels"[6], dann enthüllt sich das Wesen dieser Dinge.

2. Staunendes Schauen

Natur-Schönheit als Epiphanie des „herrlichen" Schöpfers

In der ganzen Schöpfung kommt die *Herrlichkeit* Gottes in den Blick. Die Betrachtung des Schöpfungswerkes ist von erhabener und überwältigender Schönheit. Gottes Herrlichkeit erscheint in der Erhabenheit, Gestaltenfülle, eben in der Schönheit des Geschaffenen. Wenn für Hegel (1770—1831) die Schönheit im „sinnlichen Scheinen der Idee" besteht, dann kommt die Schönheit für die biblische Offenbarung und den theologischen Betrachter in der sinnlich wahrnehmbaren Erscheinung der Herrlichkeit des Schöpfers zum Vorschein. Das Schöne ist Folge göttlichen Handelns, der sinnliche Abglanz des übersinnlich Göttlichen. Urheber der Schönheit ist Gott (vgl. Weish 13,3—5). So wird die Erfahrung des Schönen zu einer religiösen Erfahrung; der Lobpreis gilt dem Schönen in seinem Bezug auf den, der es geschaffen hat.

Wie die Schöpfung, so ist erst recht ihre Schönheit ein Wunder; sie geht über menschliches Begreifen hinaus; sie läßt sich im Grunde nicht aus-sagen. Das Schöne geht unserem Auge an-schaulich auf; es schenkt sich in einem — meist unverhofften — Ereignis. Schönheit ist ein Glücksfall von Harmonie, das schlechthin zu Bewundernde, schlicht Erstaunliche, rational nicht Erklärbare, verstandesmäßig nicht Faßbare. Schönheit ist „eins von den großen Geheimnissen der Natur" (J. Winckelmann).

Das Naturschöne

Menschen, welche die Natur betrachten, stoßen immer wieder auf natürlich Schönes, auf das Naturschöne — im Unterschied zum Kunstschönen. Das Naturschöne soll bei unseren Überlegungen im Vordergrund stehen. Es ist selbst entweder „naturwüchsig" schön, oder wir haben es mit einem von Menschen gestalteten, schön-gemachten Naturgebilde zu tun, das beim Betrachter Gefallen findet, angenehme Empfindungen weckt. Es gibt Landschaften, mit denen es uns so geht wie mit „gewissen Gesichtern oder auserlesenen Menschengestalten: Sie gefallen uns auf den ersten Blick, ihr Gefallen ist ein in die Augen fallen" (Fr. Ratzel).

Das Naturschöne kann in drei Grundformen auftreten:
— in wilder Unberührtheit,
— in der von Menschen erreichten Gestaltung,
— in direkt künstlerischer Qualität.

Im ersten Fall handelt es sich um freie Natur (Beispiel: der Blumenteppich einer Bergwiese; eine wild-romantische Schlucht); im zweiten Fall geht es um beherrschte, bebaute Natur (Beispiel: zum Getreideanbau benutzte Ackerlandschaft; ein „gewachsenes" Dorf in einer Landschaft). Heute tritt uns die Natur meist in dieser Form entgegen. Bei der aktuellen Umweltproblematik geht es vorwiegend um bebaute Kulturlandschaft und in sie eingebettete Stadtlandschaft. „Freier" Natur begegnen wir selbst in Parkanlagen kaum mehr, allenfalls noch in Naturschutzgebieten. Die ursprüngliche Natur ist durch menschlichen Eingriff verändert, nach mehr oder weniger ästhetischen Maßstäben gestaltet. So gewinnen Natur und Landschaft eine andere Form; freie Natur wird in eine neue Ordnung gebracht. Was dabei herauskommt, geht nicht nur auf die „Gunst der Natur" zurück, sondern verdankt sich der „Kunst" von Menschen, die mit technischem Können und ästhetischem Sinn Landschaft in eine kultivierte, zivilisierte Ver-fassung bringen. Zu dieser Gattung von Schönheit gehören auch Gartenanlagen (vgl. die Gärten von Versailles).

Wieder andere Qualität besitzt das Kunst-Schöne, das von Künstlern „hergestellte" Schöne: Statuen, Gemälde, Bauten, dichterische Werke und musikalische Schöpfungen. Für die uns hier interessierende ökologische Fragestellung gilt dem Naturschönen unsere besondere Aufmerksamkeit. Dazu zählen z.B. Blumen, Tiere, (vor allem unbebaute) Landschaft, die Menschen schön vor-kommen. Freilich kann es auch sein, daß erst ein Künstler (Maler, Dichter, Komponist, Bildhauer) unser Auge für das Schöne öffnet. Ein schönes Gedicht (z.B. Hölderlins Herbstgedicht: „Mit gelben Birnen hängt das Land in den See") oder ein schönes Lied („Im schönsten Wiesengrunde . . .") mag uns erst so recht auf Schönheiten in unserer Natur-Umwelt aufmerksam machen, hin-sehen und hin-hören lassen. Hier gilt: „Die Kunst macht sichtbar" (Paul Klee). Bekannt ist, daß Dinge, die lange für häßlich gehalten wurden (z.B. das rauhe, unwirtliche Hochgebirge), plötzlich als schön gelten, weil Dichter und Maler die „eigentliche" Schönheit herausgestellt haben. Das Natur-Schöne wird von der Natur selbst hervorgebracht, nicht von einem noch so genialen Menschen. Bebaute und besiedelte Landschaft unterscheidet sich von der Urlandschaft wie die kunstvoll geschlungenen Blumengewinde von in freier Landschaft wild wachsenden Blumen.

Es ist die „Gunst der Natur" (Kant), die mit dem Naturschönen beschenkt. Um diese Gunst wahrnehmen zu können, muß der Betrachter praktische Interessen und wirtschaftliches Nutzungsdenken für einige Zeit vergessen. Um das Schöne erfassen und genießen zu können, müssen wir „ek-statisch" aus den Bedingungen des banalen Werktags heraustreten. Zur Wahrnehmung des Schönen brauchen wir Muße.

Merkmale des Schönen in ökologischer Sicht

Merkmale des Schönen hat schon Thomas von Aquin formuliert. Grundlegend ist die „Konsonanz" (consonantia). Die Elemente müssen zusammenstimmen, einen harmonischen „Klang" ergeben.

Schön ist das, was „Proportion" aufweist, so daß die Bestandteile ausgewogen sind, untereinander und mit dem Ganzen übereinstimmen.

Das Schöne hat eine (gute) „Disposition", d.h. die einzelnen Teile sind in eine wohl-gefügte Ordnung integriert. Nicht von ungefähr hat Augustinus Schönheit als „Glanz der Ordnung" definiert. Was gefällt, ist die aufleuchtende Einheit des Mannigfaltigen. Eine schöne, aus vielen „Bauteilchen" bestehende Landschaft kommt uns doch wie „aus einem Guß" vor. Die Maße stimmen; das Ganze hat Gestalt und macht einen harmonischen Eindruck. „Figur" und „Form" sind perfekt: so etwa bizarre Meeresklippen, eine grazile Antilope, eine „schlanke" Tanne. Was „Form" hat, ist auch schön (das lateinische Wort „formosus" bedeutet formvollendet, schön-gestaltet). Die portugiesischen Entdecker nannten die Insel Taiwan deswegen „Formosa", weil sie ihnen einfach schön vorkam.

Schönes zeichnet sich durch „Unversehrtheit" und „Vollkommenheit" aus. „Was gemindert ist, ist schon dadurch entstellt, häßlich" (Thomas von Aquin). So mindern oder vernichten z.B. Betonierungsmaßnahmen eventuell die Schönheit einer Landschaft; verunstalten weggeworfene Plastiktüten und dergleichen den natürlichen Reiz eines Meeresstrandes. Eine hochalpine Landschaft büßt in dem Augenblick an Schönheit ein, wo gigantische Skilifte montiert werden. Ein beschaulicher Waldsee verliert an Schönheit, wenn dröhnende Motorboote auf ihm herumjagen.

Was schön ist, zeugt von „Größe"; nicht umsonst entlockt der Anblick des immensen Sternenhimmels, des „unendlichen" Meeres, gewaltiger Gebirgszüge, weiter Landschaft das bewundernde: „Wie schön"!

Schönheit ist auch schmückende „Zier" (decor); Blumen, etwa Veilchen, Schlüsselblumen sind „Dekoration" von Wiesen und Gärten; Sterne zieren das Firmament.

Zum Schönen gehören „Farbe" (color) und „Glanz" (splendor); vgl. so farbenbunte Tiere wie Fasane, Flamingos; die Farbenpracht eines herbstlichen Buchenwaldes, eines Sonnenuntergangs, einer Orchidee, einer Apfelbaumblüte, einer Kornblume, eines Schmetterlingsflügels, eines Regenbogens, glitzernder Edelsteine.

Schließlich rechnet Thomas die „Klarheit" (claritas) zu den Merkmalen des Schönen. Konkrete Beispiele: klarer (blauer) Himmel, klare Gewässer, klare Luft (Atmosphäre).

Ästhetische Bildung als Erziehungsauftrag

Beim Umwelt- bzw. Naturschutz geht es keineswegs nur darum, unseren natürlichen Lebensraum notdürftig vor Vernichtung zu schützen und gegen akute Gefährdung abzusichern, sondern wesentlich um die Aufgabe, Umweltbedingungen zu schaffen, unter de-

nen sich Menschen wohlfühlen können, und zwar deswegen, weil die Umwelt ästhetischen Bedürfnissen entspricht. „Natürliche" und „kultivierte" Natur muß der Mensch so erhalten bzw. gestalten, daß er sich zuhause fühlt und heimatlich geborgen weiß. Dann ist das menschliche „Haus" (Oikos) bewohnbar. Der Mensch ist nicht nur homo faber, oeconomicus und technicus, sondern ein Wesen, das sich ästhetisch zur Umwelt verhält, das sinnlich wahrnimmt, das nach dem Schönen fragt und dem Schönheit am Herzen liegt. Es ist menschenwürdig, für das Schöne, das „Erhabene" offen zu sein. Die ästhetischen Gründe für Umwelt- und Naturschutz sind keine nachträglichen Argumente, sondern haben fundamentale Bedeutung. Es kann und darf uns nicht gleichgültig sein, wie unsere Umwelt beschaffen ist, wie es in der Natur aussieht.

Da die Bildung von Umweltbewußtsein also auch eine Sache der ästhetischen Bildung ist, sollte sie bereits im Kindergarten beginnen. In allen Schulgattungen, nicht nur in der Grundschule muß neben der Vermittlung von Sachwissen die ästhetische Ausbildung ihren Platz haben. Sie gehört nicht nur zur allgemeinen „Kultur" (Bildung), sondern legt ein Fundament, auf dem sich verantwortlicher, d.h. ethisch motivierter Umweltschutz entfalten kann.

Vom ästhetischen Wert der Landschaft

Der Geopsychologe W. Hellpach versteht unter Landschaft den „sinnlichen Gesamteindruck", der von einem „Abschnitt der Erdoberfläche samt dem darüber befindlichen Abschnitt des Himmels im Menschen erweckt wird"[7]. Zu dem, was da geschaut und erlebt wird, gehören konkrete Elemente und

Lebewesen: Boden, Luft, Wasser, Pflanzen, Tiere; Menschen und deren Werke. All das zusammen macht die Größe und Figur der Landschaft aus; sie ist entweder mehr Natur- oder mehr Kulturlandschaft. Immer wird sie von einer unverwechselbaren Physiognomie geprägt.

Die speziell ästhetische Sicht und Schätzung von Landschaft wurde zunächst in der Malerei des 15. und 16. Jahrhunderts künstlerisch herausgestellt: Ein Ausschnitt der Natur wird „malerisch" präsentiert. Ihre Schönheit kommt ins Bild, so daß sie mit den Augen erfahren werden kann.

In der Literatur hat vor allem Petrarca (1304—1374) die ästhetische Rolle der Landschaft entdeckt — wie sein Brief über die Besteigung des in Südfrankreich (Provence) gelegenen Mont Ventoux bezeugt. Sein einziges Verlangen war, die „ungewöhnliche Höhe dieses Fleckens Erde durch Augenschein kennenzulernen".

Es kommt darauf an, in der Landschaft (die) Natur als Ganzes zu schauen; dafür muß der Mensch ein „landschaftliches Auge" haben. Mit diesem sieht er das Ganze. Durch die wissenschaftliche Analyse wird die Natur gegliedert, klassifiziert, präpariert und so entzaubert. Wir Menschen haben ein je verschiedenes Verhältnis zur Natur: der Bauer, der Mineraloge, der General — jeder sieht in ihr etwas anderes: der eine den Ackerbau, der andere die Gesteinswelt, der dritte ihre strategische Bedeutung. Der „Ästhet" schaut auf die in der Natur entfaltete Schönheit; er schätzt den „Zauber" einer Landschaft. Wer sie ästhetisch anschaut, macht sich für den Genuß ihrer Schönheit frei; er löst sich von wissenschaftlichem Erforschungsinteresse, von landwirtschaftlicher Bearbeitung, von bautechnischen Überlegungen, von militärischen Erwägungen, von touristischen Vermarktungsideen.

Dem vollen Genuß landschaftlicher Schönheit können wir uns nur dann ganz hingeben, wenn wir Muße haben. Der azurblaue Himmel wird nicht unter meteorologischen Gesichtspunkten betrachtet: Wie stehts mit dem Wetter? Eine Linde wird nicht angeschaut mit der Frage: Wieviel Schatten spendet sie? Eine Wiese läßt nicht zuallererst an das gute Heu denken, das auf ihr zu ernten sein wird. Solche Ausstrahlung der Natur verliert ihren Glanz zunehmend mit dem Fortschritt wissenschaftlicher Naturbeherrschung und mit der verkehrstechnischen Erschließung des Raumes. Dieser Prozeß bringt es mit sich, daß schöne Natur zerstört wird, nolens volens geopfert werden muß. Wird z.B. ein Bergtal erschlossen, dann erfolgt eine Invasion der Städter aus ihren „naturlosesten Kulturgebieten", um die „herrlichen Einsamkeiten" (F. Th. Vischer[8]) zu finden, die damit aufhören, es zu sein. So wird Landschaft als Erholungs- und Freizeitlandschaft zu einem „nützlichen" Territorium (Refugium); die Gesellschaft eignet sie sich an, beansprucht sie, benutzt, ja vernutzt sie.

Die ökonomische Aneignung bzw. Verzweckung des natürlichen Umfeldes hat in jüngster Zeit drastisch zugenommen. Das Industriezeitalter verwertet auch die Natur; das Naturschöne wird kommerziell „getauscht" gegen finanzielles Entgelt; landschaftliche Schönheit ist zur Ware, Landschaft selbst zum Nutzobjekt geworden. Um so mehr gilt es heute, jene Kräfte zu stärken, die Sinn haben für ästhetische Landschaft „um ihrer selbst willen". Weil solche nicht mehr selbstverständlich ist, müssen Naturschutzgebiete ausgewiesen werden, und zwar mit strengen Zugangsbedingungen; denn den Wert des in solchen „Museen" zur Besichtigung Ausgestellten wissen nur noch Kenner wahrhaft zu schätzen.

Ohne Natur-Ästhetik keine Umwelt-Ethik

Bei Menschen ohne ästhetische Bildung hat ein Ethos des Umweltschutzes letztlich keine Chancen. Denn es geht beim Umweltschutz weniger um nachträgliche Reparatur (Wiedergutmachung) von ökologischen Schäden als um ihre vorsorgende Verhütung. Die geforderte Haltung hat nichts mit schwärmerischer Naturromantik oder gar kitschiger Idylle zu tun; eine solche Sensibilität ist nicht zu verwechseln mit rührseliger Mondschein-Sentimentalität. Vielmehr notwendig sind schlicht Ausbildung und ständige Verfeinerung des „Sinnes" für schöne Natur und für eine Landschaftsgestaltung (Raumplanung usw.), die das Prädikat „geschmackvoll" verdient. Wo der ästhetische Blick für die Erde fehlt, wird sie früher oder später unansehnlich. Wenn die ästhetischen „Sicherungen" durchbrennen, kann die Natur nicht sicher sein vor ihrer durch uns gefühllos und ungerührt herbeigeführten Zerstörung. Nur die leidenschaftliche Liebe zum Schönen verhindert Abstumpfung gegen die Leiden und Verwundungen der Natur. Wer die Natur unter dem Gesichtspunkt ihrer anziehenden (attraktiven) Schönheit betrachtet, wer vom Blitz der Naturschönheit getroffen wird, der ehrt, schätzt, bewundert sie. Die Bewunderung stellt sich gleichsam schützend vor das Schöne, damit es nicht einfach vernutzt, vergewaltigt und zu materiellen Zwecken geopfert wird.

3. Natur vermittelt Lebenssinn

Sorge um Schutz der Natur ist kein beliebiges Freizeithobby für Leute, die sonst nichts anzufangen wissen, schon gar kein Luxus, sondern notwendiger Beitrag zur umfassenden Sicherung menschlichen Daseins. Wenn sich der Mensch von der Natur abkoppelt, ist er nicht nur biologisch gefährdet, sondern verkümmert auch seelisch und verkommt ethisch. Natur und Landschaft haben schon dadurch Sinn, daß sie da sind, daß es sie gibt. Zum oft beklagten Sinnverlust tragen jene, die auf ihre eigenen, selbst hergestellten Produkte fixiert und ganz auf eine technisch perfekt funktionierende Welt konzentriert sind, höchst persönlich bei. Wer nämlich meint, in der Rationalisierung und der technologischen Verplanung aller Lebensbereiche das Heil zu finden, täuscht sich und steht früher oder später „frustriert" da, weil seine Rechnung nicht aufgeht. Der Mensch irrt und verrennt sich, wenn er übersieht, daß er sich auf dieser Erde stets mit der polaren Spannung von Verfügbarkeit und Unverfügbarkeit auseinanderzusetzen hat. Allein schon die Erfahrung dürfte lehren, daß die Gestaltung der Welt eigene Leistung und Anstrengung verlangt, das Gelingen zugleich aber immer auch Gnade und Geschenk ist. Um Mensch zu bleiben, bedarf es der Erfahrung, daß es „Geheimnisvolles" gibt. Dazu gehört der Grundbestand der Schöpfung, wo uns Grenzen des Mach- und Gestaltbaren vorgegeben sind.

Natur und Landschaft sind schon deswegen sinnstiftende Größen, weil sie jene bergende Umwelt und wohnlich-traute Behausung bilden, die wir *Heimat* nennen. Der Grundzug des Erlebens von Heimat, zu der wir in einer Art Kindschaftsverhältnis stehen (Thomas von Aquin), ist das beglückende Gefühl der Geborgenheit. Heimatlose Menschen irren „monaden"- und nomadenhaft umher. Sie entwickeln keine stabile Identität, sondern wanken beziehungslos, ziel- und sinnlos durchs Leben (A. Mitscherlich). Sie sind „unbehaust". Die von einer bestimmten landschaftlichen Gestalt (Wiesen, Äcker, Rebhügel, Wälder, Seen, Gebirge) qualifizierte Heimat ist „Wiege der Menschlichkeit" (Theodor Heuss).

Naturverlust ist Sinnverlust

Wenn Nietzsche den Nihilismus als „unheimlichsten" Gast der Neuzeit ansieht, bringt er Sinnlosigkeit mit Heimatlosigkeit in einen Zusammenhang. Naturverlust ist tatsächlich Sinnverlust, stellt doch Natur einen echten Behausungs-Raum dar. Sie gibt jenen elementar-vitalen Grund ab, auf dem kulturelle, d.h. spezifisch menschliche Lebensgestaltung erst möglich wird.

Heimat ist nicht nur ein emotionaler und moralischer, sondern ein zutiefst ökologischer Begriff. Naturschutz ist immer auch Heimatschutz, Schutz sowohl der Beheimatungsräume von Tieren und Pflanzen als auch des menschlichen Überlebensraumes. Am Phänomen Heimat dürfte die solidarische Verbindung von Mensch und natürlicher Umwelt am ehesten aufgehen. Die heutige Unbehaustheit vieler Menschen ist Folge ihrer Entfremdung von der Natur. Gesund und geborgen ist nur der, der sich mit der Natur vital „einsfühlt" (Th. Spranger). Wo kein Verhältnis zur Erde besteht und wo die Beziehung zur Natur nicht stimmt, kommt es zu akuten Störungen des seelischen Gleichgewichts und der emotionalen Gesundheit. Die Natur gibt nämlich Halt. Wer keinen Zugang zu ihr hat, findet einen entscheidenden Zugang zum Sinn des

Lebens blockiert. Der französische Existenz-Philosoph und Romanautor Albert Camus (1913—1960) schreibt, er habe sich in seiner Jugendzeit oft an das Meeresgestade seiner algerischen Heimat gesetzt, besonders dann, wenn ihn Depressionen und Selbstmordgedanken überkamen. Allein der Anblick des gewaltigen Meeres und der aufgehenden Sonne habe ihn vor dem Sturz in den gähnenden Abgrund der Absurdität bewahrt. Das grandiose Naturschauspiel habe ihm vor Augen geführt, daß es Sinn gebe, daß da etwas sei, früher als er selbst mit seinem Menschenverstand.

Natur mit ihren erstaunlich stabilen Gesetzmäßigkeiten ist Anhalt, gibt Anhaltspunkte. Ihre frühlinghaften, sommerlichen, herbstlichen und winterlichen Gestalten sagen etwas, sprechen zu uns. Menschliches Leben gelingt nur in solidarischer Verbindung mit dem Leben der uns tragenden und haltenden Natur. Nicht nur in der physischen Ernährung, sondern auch in seinem seelisch-geistigen Wohlbefinden, in seiner ganzen Stimmungslage hängt der Mensch von der Natur ab.

Naturverlust ist Wertverlust

In denkender und dankbarer Begegnung mit Natur wird der Sinn für Werte wach, die wesentlich zum menschlichen Ethos gehören. Hier ein kleiner Abriß von Erlebnissen und Werterfahrungen, die wir in Kontakt mit der natürlichen Umwelt gewinnen können. Natur bietet:

— Anlaß zum Staunen und Sich-Wundern. Der natürliche Lebensraum ist derart unermeßlich und großartig, daß mehr Phänomene unerforscht als erforscht und erklärt sind.

— Sinn für das Geheimnisvolle und Unbegreifliche. Ungelöst ist das „Rätsel" der Entstehung des Kosmos; geheimnisvoll bleibt der erstaunliche Orientierungssinn bestimmter Zugvögel (z.B. der Kraniche); unbegreiflich das Phänomen, daß allein zweitausend Arten von Orchideen existieren — welche Fülle von Düften, Farben und Formen!

— Sinn für das Echte, Unverfälschte, wie es uns z.B. in Ozeanen, Urwäldern, Gebirgen, „urigen" Landschaften, in frischem Gras und in den Düften der Blumen und Kräuter begegnet.

— Sinn für tief Wurzelndes. Vor allem dokumentieren Bäume, was Verwurzelung heißt, was Wachsen, Blühen, Fruchttragen, Welken bedeutet.

— Sinn für das Wachsende, welches sich dem bewährten Rhythmus der Jahreszeiten verdankt. Die Schärfung dieses Sinnes tut dem modernen Menschen um so mehr not, als er über alles direkt verfügen, ungeduldig langsame Wachstumsprozesse technisch überspielen bzw. künstlich beschleunigen will. Weil er natürli-

chen Entwicklungen keine Zeit läßt, hat er selbst keine Zeit mehr. Sinn für das Wachsende lehrt *Geduld*.

— Sinn für das Währende, für die „gelassene Unschuld, womit die Naturgesetze wirken" (A. Stifter). Seit Urzeiten gibt es Sonnenaufgang und -untergang, Sternenhimmel, Sonnenschein und Stürme, Gebirge und Täler, Wälder und Seen, Wind und Wolken. Es gilt, den Sinn für derart Stabiles und Bleibendes wiederzufinden — gegen das heutzutage vorherrschende Interesse am ständigen Wechsel und rasch Konsumierbaren.

— Sinn für Stille und besinnliche Ruhe. Das Erlebnis einer vom Touristenstrom noch nicht überschwemmten Insel, eines abgelegenen Bergtales, eines verschlafenen Weihers, eines verkehrsfernen Waldes lehrt, was Stille heißt. In den „Oasen" solcher Ruhe kommt der Mensch zur Besinnung, während ihn der „draußen" überall tosende Lärm betäubt. Gerade in diesem Zusammenhang wird klar, daß die Natur nicht nur Biotop ist, sondern auch ein „Psychotop", d.h. ein Ort, an dem die Seele Kraft findet, wo psychische Bedürfnisse befriedigt werden können.

— Sinn für das Lebendige. Der natürliche Lebensraum strotzt geradezu von tierischer und pflanzlicher Vitalität. Man weiß nicht einmal, wieviele Mikro-Lebewesen es gibt. Insofern spielt die biologische Bildung eine große Rolle; sie macht uns mit den — naturwissenschaftlich mehr oder weniger erklärbaren — Geheimnissen des Lebens auf dieser Erde vertraut. Dieser Sinn für das Lebendige droht in unseren Tagen in dem Maß verloren zu gehen, als sich der Mensch immer mehr seiner selbst hergestellten Welt der Maschinen und Apparate hingibt. Erich Fromm spricht in diesem Zusammenhang gar von „Nekrophilie", d.h. von einer „Liebe" des Menschen zum „Toten".

— Sinn für das Schöne, Erhabene, Überwältigende, Unendliche. Der Genuß natürlicher Schönheit bereichert unser Gemüt, läßt das Herz weit werden. Versiegt die Kraft des Gemüts, dann verödet der Mensch. Der Mensch braucht den Sinn für das Unendliche, das er z.B. in den riesigen Weltmeeren, in den beängstigenden und zugleich faszinierenden Wüsten findet.

— Sinn für das Unerwartete und für den Reiz des Abenteuerlichen. Gemeint sind nicht in erster Linie die in der Tourismusbranche seit Jahren als „in" propagierten Wild-Life-Programme (Leben in wilder Natur), Abenteuerreisen und gewagten Trekking-Exkursionen (in unwegsame Regionen). Hier besteht die Gefahr, daß mit solchen Angeboten und Arrangements — bei all dem Attraktiven und Positiven, das sie an sich haben — Neugier, Risikofreude und Lust am Ver-Wegenen kommerziell ausgenutzt wird. Die Natur bietet auch ohne solche Extra-Touren eine Unzahl von Überraschungen. Wer eine Landschaft durchwandert, wird beinahe buchstäblich „auf Schritt und Tritt" mit stets neuen Eindrücken konfrontiert. Selbst im Fall der Wiederholung einer Wanderung wiederholen sich nicht die Eindrücke; die Erlebnisse sind nicht gleich — denn die Wanderung erfolgt jeweils in einer anders gefärbten persönlichen Stimmung, und das Bild der Natur wird von anderen jahreszeitlichen, tageszeitlichen, meteorologischen Bedingungen geprägt. Zudem ist nicht abzusehen, welche „Kleinigkeiten" — der Tier- und Pflanzenwelt — noch entdeckt werden.

4. Beispiel: Der Wald

Wald — mehr als Holzproduzent und „För-ster-Liesel"-Idylle

Wald ist schon immer vielfach beansprucht worden. Für uns Menschen hat er eine Reihe von Funktionen zu erfüllen. Er liefert Holz (zum Verbrennen, Bauen, für die Möbelindustrie, zur Papierherstellung); er speichert und reinigt das Wasser; er gewährt Tieren (Rehen, Hirschen, Eichhörnchen, Füchsen, Vögeln) und Pflanzen (Tannen, Buchen, Eichen, Unterholz, Sträucher) Lebensraum; er hat die Aufgabe, das Klima zu regulieren, die Luft zu filtern. Für Naturschutzverbände stellt er ein ökologisches Schutzobjekt dar; für den Förster ist er dienstliches Aufsichtsfeld; für den Jäger ein Gebiet der Jagd und der Hege; der Waldeigentümer wertet ihn als Besitz und

Vermögen; der Poet wird von ihm zum Dichten inspiriert; Verliebte verdanken ihm das traute Alleinseinkönnen; der Wanderer schätzt ihn als erlebnisreiche Landschaft; der Kurdirektor taxiert seinen Erholungswert; das Straßenbauamt sieht ihn als ein Hindernis bei der Planung einer Autobahn; für den auf der Flucht Befindlichen ist er ein willkommener Unterschlupf; der Ökonom betrachtet ihn als Arbeitsplatz (Forst- und Holzwirtschaft sichern in der Bundesrepublik Deutschland über 750000 Arbeitsplätze); für den Wegwerf-Typ ist der Wald gerade gut genug als versteckter Müllabladeplatz; nostalgische Romantiker verbinden mit dem Wald sentimentale „Förster-Liesel"-Idylle.

Diese Liste am Wald speziell Interessierter könnte verlängert werden. Die Einstellungen sind entsprechend mannigfaltig. Demnach ist die Frage, was der Wald bedeutet, nicht einhellig zu beantworten. Jedenfalls braucht die Antwort nicht für alle gleichermaßen zu gelten. Doch gerade die Vielheit seiner „Bedeutungen" beweist, daß Wald mehr ist als das in ihm versammelte botanische und zoologische Material. Wald-Qualität erschöpft sich nicht in der mathematisch addierten Summe des sichtbar Vorhandenen. Die volle Bedeutung des Waldes, d.h. sein Sinn erschließt sich nur dem, der ihn als Ganzes in den Blick nimmt.

Das Sprichwort „Man sieht vor lauter Bäumen den Wald nicht mehr" ist in der Tat treffend und weise. Dem Wald tut Unrecht, wer ihn technisch-wirtschaftlichen „Zwecken" unterordnet. Der Wald als Ganzes gerät in dem Moment aus dem Blickfeld, wo das Interesse am isolierten Detail hängenbleibt, das aus dem Ganzen herausgebrochen wurde. Die in der Spruchweisheit genannten „Bäume" können derart die Aufmerksamkeit auf sich lenken, daß der Betrachter davon abgelenkt wird, den gesamten Bestand des „Waldes" wahrzunehmen. Das ist z.B. auch dann der Fall, wenn die Vertreter einzelner naturwissenschaftlicher Disziplinen (Forsttechnologie, Mikrobiologie, Klimatologie, Hydrologie, Dendrologie) sich nicht zur Kooperation und Teamarbeit bereit finden. Mangelnde Abstimmung und weithin fehlende interdisziplinäre Forschung sind zweifellos mit ein Grund, warum die Diagnose der Ursachen des Waldsterbens nur langsam vorankommt. So komplex diese Ursachen sind, so komplex ist das Gebilde Wald selbst. Sein Wert bemißt sich letztlich an dem, was gerade nicht gemessen werden kann. Eine wichtige Rolle spielt sein psychisch-moralischer Wert. Im Wald erfrischt sich auch die Seele, regeneriert sich das Gemüt, erholt sich der Geist (im Hinduismus ist der Wald Ort geistlicher Regeneration). Wald ist eine Stätte beruhigen-

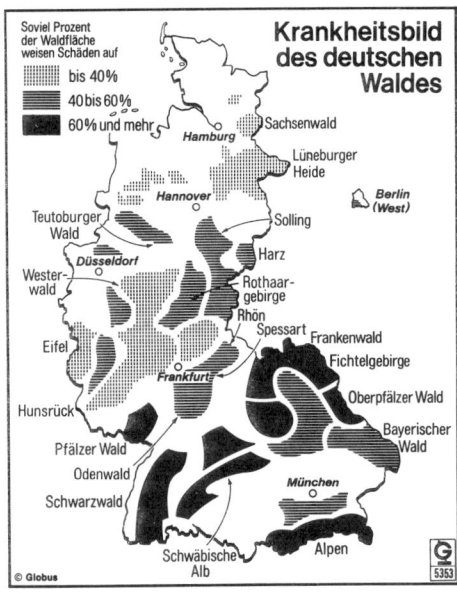

der Stille; sie stabilisiert das innere Gleichgewicht. „Weil ich als Kind die Wälder schweigen und wachsen sah, konnte ich immer ein stilles Lächeln für das aufgeregte Treiben haben, mit dem die Menschen ihre vergänglichen Häuser bauen" (E. Wiechert). Die im Wald erfahrene, erlaufene „natürliche" Ruhe ist Erfahrung von Frieden, von „Wald-Einsamkeit"; dieser Begriff wurde 1797 von L. Tieck (1773—1853) geprägt.

Das Erlebnis von Waldesstille dürfte auch zur Folge haben, daß wir auf die Umweltbelastung Lärm empfindlicher und verantwortlicher reagieren. Nur wenn man weiß, wie wohltuend Stille ist, besitzt man ein „Organ" für die Schädlichkeit des Lärms. Wer die seelenhygienisch wohltuende Waldesstille zu schätzen weiß, gewinnt auch Fähigkeiten zur entspannten Kommunikation mit der menschlichen Umwelt. Das besänftigende „Klima" im Wald vertreibt auch nervöse Aggressivität aus dem menschlichen Seelenhaushalt und reinigt die psychische Atmosphäre, so daß günstige Wetterbedingungen für den zwischenmenschlichen Umgang entstehen. Insofern kommt dem Wald eine besondere befriedende Funktion zu. Waldschutz bedeutet speziellen Menschenschutz; Forstkultur besagt Humankultur. Wenn Wald stirbt, versiegen Quellgründe von Humanität. Mit dem Wald stirbt ein ökologischer Lebensraum, den die Insassen des Raumschiffs Erde brauchen, um auch ästhetisch versorgt, seelisch betreut und emotional ernährt zu sein. Es ist ein Irrtum anzunehmen, das Waldsterben sei nur „für die Bäume schädlich, nicht für die Menschen" (Martin Honecker).

Wird der Wald in all seinen wohltätigen Funktionen gesehen, dann dürften sich das Gebot, ihn zu schützen, und das Verbot, ihn in den Tod zu treiben, von selbst aufdrängen.

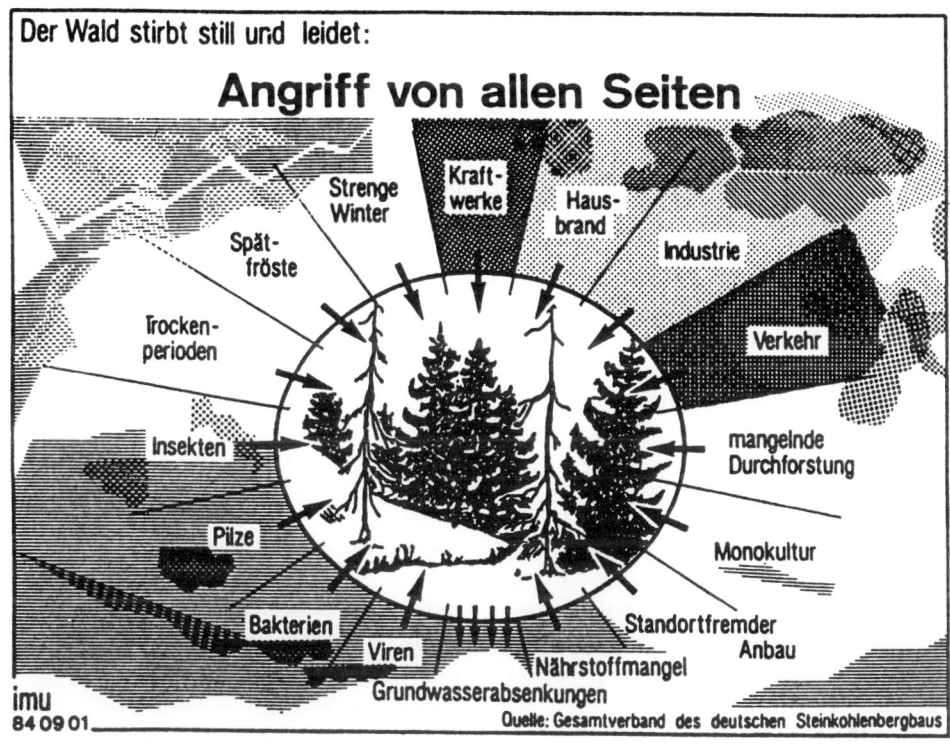

Der Wald stirbt still und leidet:

Angriff von allen Seiten

Strenge Winter
Spätfröste
Kraftwerke
Hausbrand
Industrie
Trockenperioden
Verkehr
Insekten
mangelnde Durchforstung
Pilze
Monokultur
Bakterien
Standortfremder Anbau
Viren
Nährstoffmangel
Grundwasserabsenkungen

imu
84 09 01

Quelle: Gesamtverband des deutschen Steinkohlenbergbaus

Da auch die Waldkrise eine Innenweltkrise ist, erfordert eine Therapie der Pathologie des Waldes eine ethische Kurskorrektur. Die Rettung der gefährdeten Wälder ist weder eine reine Angelegenheit von Finanzmitteln noch lediglich eine Frage des technologischen Know-How (z.B. des „Katalysators"). Selbstverständlich: die „natürlichen", d.h. naturwissenschaftlich erhebbaren Ursachen des Waldsterbens müssen beschleunigt erforscht werden; die Lufthygienepolitik muß ihre Maßnahmen ohne Rücksicht auf Verursacher (ob Industrie oder private Haushalte) konsequent durchsetzen; es müssen neue Forsttechnologien entwickelt werden. Das ganze techno-politische Maßnahmenpaket verfehlt jedoch den erhofften Erfolg, wenn nicht zugleich „ethische Innovationen" erfolgen. „Umweltvernichtung kann nur durch Wertewandel gestoppt werden" (H. Magel[9]). Was nottut, ist ein Lebensstil, der unsere Umwelt wirkungsvoller von jenen Schadstoffen entlastet, die den Wald belasten, sein teilweises Siechtum verursachen. Waldsterben ist ein Fanal der in die Krise geratenen Ethik. Ohne Verzicht und Opfer in unserem üblichen Konsumverhalten ist Rettung des Waldes nicht zu haben. „Nicht die Lösung der technischen, sondern die der ethischen Probleme wird unsere Zukunft bestimmen" (H. Sachsse[10]). Nicht um technische Retouchen geht es, sondern um Gesinnungswandel im Verhältnis des Menschen zur Natur.

IV. Eine Ethik der Umwelt

1. Umwelt als Gemeinwohl

Das Umweltproblem versteht nur, wer sich ganz klar macht: Bedrohte Umwelt ist Bedrohung eines Gemeingutes ersten Ranges. Das läßt sich auf verschiedenen Ebenen zeigen.

Umweltschutz geht „aufs Ganze", ist mehr als Vogelschutz

Das ökologische System unserer Erde ist ein Gebilde, das wie kein anderes globalen Charakter hat. Da geht es nicht um Einzelnes, Isoliertes, sondern um das eine Ganze und ganze Eine des Lebensraumes Erde. Schicksalhaft ist alles mit allem verbunden und solidarisch verhaftet. Das Ökosystem bildet eine Einheit, in der geringste Veränderungen an einer Stelle Auswirkungen an anderen Stellen bzw. auf das Ganze haben. Umwelt und Natur sind von einmaliger Komplexität. Alles Leben verdankt sich einem subtil verschränkten Zusammenspiel unzähliger biologischer Kräfte, die in verflochtenen Verbundsystemen funktionieren. Umweltbewußtsein kann nur globales Bewußtsein bedeuten. Es gibt nichts Globaleres, nichts Universaleres, nichts Totaleres als den irdischen Umweltkomplex. Daher bedeutet Umweltschutz mehr als Vogelschutz, Gewässerschutz, Bodenschutz, Pflanzenschutz.
Freilich geht in der Praxis Umweltschutz immer nur „arbeitsteilig" vor sich; es ist ja unmöglich, alles zusammen zugleich und dazu noch mit gleicher Intensität zu schützen. Man ist gezwungen, eine Auswahl der schutzwürdigen Objekte zu treffen und Prioritäten zu setzen. Dennoch darf nicht vergessen werden, daß Umweltschutz entweder aufs Ganze geht oder fehlgeht. Es gilt, die Gefahr der Einseitigkeit und ideologischen Fixierung auf Spezialprogramme zu erkennen. Wer z.B. ausschließlich auf den „Vogelschutz" setzt, vernebelt leicht den Blick für die ebenso dringliche Besorgung anderer Bereiche.
Gegenwärtig besteht die Gefahr, daß das Waldsterben uns so alarmiert und aktiviert, daß Blick und Einsatz für nicht weniger Notwendiges — Boden- und Gewässerschutz nämlich — geschwächt werden. Das zu schützende Ganze, das ökologische System, darf nicht aus dem Blickfeld geraten. Es wäre auch verhängnisvoll, die einzelnen Schutzobjekte (Pflanzenwelt, Tierreich, Landschaft, Boden, Wald) gegeneinander auszuspielen oder vom Ganzen zu isolieren. Jedenfalls muß jeder Umweltschutzakt am Ganzen orientiert sein, sonst hat er überhaupt keinen ökologischen Wert. Er hinge gleichsam in der Luft; denn das erste ökologische Prinzip ist das der Ganzheit und Einheit. Es geht um Gesunderhaltung unseres Planeten, um die Sicherung planetaren Gemeinwohls, um die Abwehr planetaren Gemein-Unwohls. Umweltschutz heißt Schutz der Funktionstüchtigkeit eines Zusammenspiels höchst störanfälliger botanischer, zoologischer, klimatologischer, geologischer, hydrologischer Faktoren. Sind einzelne Lebensräume und Biotope des Hauses Erde bedroht, dann ist das ganze Haus bedroht. Der Begriff Ökosystem bedeutet ja, wörtlich übersetzt, geordnete Zusammenstellung und Komposition der Bausteine des irdischen Hauswesens.

Meine Umwelt ist deine Umwelt

Umwelt geht uns alle an, ob sie heil ist oder krank; betroffen sind wir alle in jedem Fall, sitzen wir doch — auf Gedeih und Verderb — im uns allen gemeinsam zugewiesenen Raumschiff Erde. Gibt es gemeinsamere Güter als Natur, Landschaft, Wasser, Luft? Was könnte all-gemeiner sein als das ökologische System dieser unserer Erde? Sie ist nämlich der allen gemeinsame Lebensraum, in dem wir alle gemeinsam überleben oder untergehen, uns wohl oder unwohl fühlen. Sämtliche Erdbewohner teilen das Schicksal des sie umgreifenden Ökosystems.

Bedenkenswert ist folgender Sachverhalt: Die meisten Güter dieser Erde stehen in einem festen, rechtlich geregelten Eigentumsverhältnis zu bestimmten Personen. Diese Wiese gehört der Person A; jener Acker der Person B. Einen ganz anderen Stellenwert haben demgegenüber ökologische Güter wie Luft, Landschaft, Wasser. Die „Luft", die wir atmen, ist schließlich nicht dem oder jenem „Besitzer" und „Eigentümer" als Rechtsgut übertragen, sondern steht allen zu. Während eine bestimmte Wiese Privatgut ist, stellt die Luft ein Gemeingut dar, das zu unser aller „Wohl" Leben ermöglicht. Zugegeben: Die Luftqualität ist von Region zu Region verschieden; dennoch gibt es keine prinzipiell privilegierten bzw. benachteiligten Luft-Besitzerschichten, möglichst noch mit spezieller Atmungs-Lizenz. Vielmehr partizipieren wir alle — gleichermaßen — an diesem ökologischen Gemeingut Luft. Wir alle atmen ein und dieselbe Luft.

Mit der Ressource Wasser verhält es sich nicht anders. Der gesamte Wasserhaushalt ist ein all-gemeines, gemeinsames Gut. Die Wasserverbrauchsgewohnheiten belegen dies. Mag die Qualität des Trinkwassers von Gebiet zu Gebiet variieren, hygienische und geschmackliche Unterschiede aufweisen, so werden doch alle innerhalb eines mehr oder weniger großen kommunalen Verbandes lebenden Menschen von der „gleichen" Zentrale aus versorgt. Der „besser" gestellten Familie strömt, wenn sie den Wasserhahn öffnet, das gleiche Wasser zu wie der vielleicht weniger gut gestellten. Wir alle trinken das gleiche Wasser.

Selbst die Landschaft hat eminenten Gemeinwohl-Charakter. Auch wenn Grund und Boden, Wiesen, Äcker, Weinberge durchweg in der Hand bestimmter Eigentümer sind, so ist doch der optische Genuß der Landschaft bzw. landschaftlicher Schönheit kein ausschließliches Vorrecht der rechtskräftigen Inhaber dieser attraktiven Landstriche. Wir alle sehen die gleiche Landschaft. Wer z.B. vom Bahnabteil aus bewußt die an ihm vorbeiziehenden Landschaften betrachtet und deren Reize genießt, kann sagen: Dies alles ist — optisch — mein! So können an einem einzigen Tag Tausende von Menschen von der gleichen Landschaft einen ganz persönlichen Eindruck mitnehmen.

Fazit: Umwelt ist uns allen zugeordnet; ungeteilt sind wir alle betroffen vom ökologischen Gemeinwohl und vom ökologischen Gemein-Unwohl. Wenn nun aber Natur und Landschaft, Wasser und Luft „unser" sind, tragen wir auch alle dafür Verantwortung. Die Erde ist „Gemeingut" (Vaticanum II). Es kann und darf uns nicht egal sein, wie es um die ökologischen Lebensgüter bestellt ist. Sie gehen uns alle an. Ein Programm der Erziehung zu Umweltbewußtsein muß an erster Stelle diesen Aspekt des Gemeinwohls herausstellen: Meine Umwelt ist deine Umwelt! Deswegen haften wir alle für das, was wir der Erde — Gutes oder Übles — antun. Konkretes Beispiel: Wer an einem schön gepflegten Rastplatz

Getränkedosen u.ä. in die angepflanzte Grün- bzw. Blumenanlage schmeißt, begeht mit diesem Wegwerfakt gleich zwei „Sünden": 1. eine ökologische, weil er Natur verunstaltet und schöne Umwelt zerstört; 2. eine „soziale", weil er seinen Mitmenschen, die

sich an diesem Ort ja erholen und erfreuen wollen, den Anblick widerlichen Abfalls zumutet. Hier liegt ausgesprochen unsolidarisches Verhalten gegenüber unseren Nächsten (und Fernsten) vor.

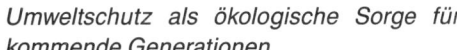

Umweltschutz als ökologische Sorge für kommende Generationen

Kommende, unserem Raumschiff erst noch zusteigende Generationen wollen und sollen auf dieser Erde eine wohnliche Behausung vorfinden. Wie sollen wir diese Erwartungen aber erfüllen, wenn wir z.B. die Bodenqualität mindern, die biologische Artenvielfalt dezimieren, die Wassergüte beeinträchtigen, die zum Atmen erforderliche „Atmosphäre" (Luft) mit Schadstoffen belasten, die Meere als Mülldeponien mißbrauchen? Wir verhalten uns bisweilen schamlos auf Kredit und Rechnung unserer Nachkommen — getreu dem Motto: „Nach uns die Sintflut." Als ob das Haus der Erde ein „beliebig auszubeutender Steinbruch" wäre (G. Altner). Die Zukunft darf nicht die Müllhalde der Gegenwart werden.
Umweltschutz ist also eine Sache der Fairneß gegenüber unseren Nachkommen. Eigentlich haben wir die Erde von unseren Nachfahren gemietet, damit wir sie gewissenhaft verwalten und sorgsam betreuen.

Umweltbewußtsein ist Generationenbewußtsein!

Wir heute wirtschaftenden und oft eine Fülle von materiellen Gütern genießenden Zeitgenossen sind moralisch verpflichtet, ökologische Voraussetzungen dafür zu schaffen, daß auch die Nachfahren nicht nur notdürftige, sondern menschenwürdige Lebenschancen haben. Unsere Umwelt ist ihre Umwelt. Umweltschutz bedeutet demnach immer auch „ökologischen Service" an der Menschheit von morgen. Umweltverschmutzung ist dann aber frivole Veruntreuung eines Erbes, verantwortungslose Verschleuderung eines zu treuen Händen anvertrauten Öko-Kapitals. Alle machen ökologische Geschichte, so oder so. „Der letzte Mopedfahrer, die letzte Waschmittelverbraucherin wirkt negativ an dieser Entscheidung mit" (C. Amery). Am Teppich des ökologischen Heils oder Unheils weben wir alle, sind wir doch Mitglieder einer erdumspannenden, weltweiten ökologischen Genossenschaft.

Umweltschutz ist eine internationale Aufgabe

Import und Export von Umweltschmutz halten sich nicht an Stoppschilder und Schranken, wie wir sie beim Übergang an Ländergrenzen kennen. Auch Umweltschutz ist kein Unternehmen, das dort endet, wo eine Nation ihre Grenzen hat, von Barrieren und Schlagbäumen markiert. Nationale Identität besagt noch lange nicht ökologische Identität; z.B. haben die vielschichtigen Ursachen des Waldsterbens und der Gewässerverschmutzung inter- bzw. supranationale Auswirkungen, die zum Verhandlungsgegenstand der betroffenen Länder werden. Probleme wie Luftverunreinigung, Flußverschmutzung, Mittelmeer- und Nordseegefährdung können nicht in nationalen Alleingängen bewältigt werden. Das liegt in der Natur der Sache. Weil das ökologische Problemfeld Grenzen überschreitet, bekommen es die Politiker mit nationalen Extratouren und nationalistischen Soloparts nicht in den Griff.

2. Atomkraftwerke — nach „Tschernobyl"

Wie sehr die uns anvertraute Umwelt Schaden nehmen kann, wurde der Welt am 26.4.1986 ganz drastisch bewußt, als in der ukrainischen Stadt Tschernobyl ein katastrophaler Reaktor-Unfall stattfand. Die Diskussion um die Kernenergie, die Auseinandersetzung zwischen Befürwortern und Gegnern ihrer friedlichen Nutzung ist neu entbrannt. Emotionen, Ängste und Aggressionen werden geschürt. Angesichts solcher Aufheizung der Diskussion ist Besinnung nötig, bedarf es möglichst nüchterner Erwägung des Sachverhalts. Im folgenden soll das Faktum Kernenergie einer (sittlichen) Wertung unterzogen werden.

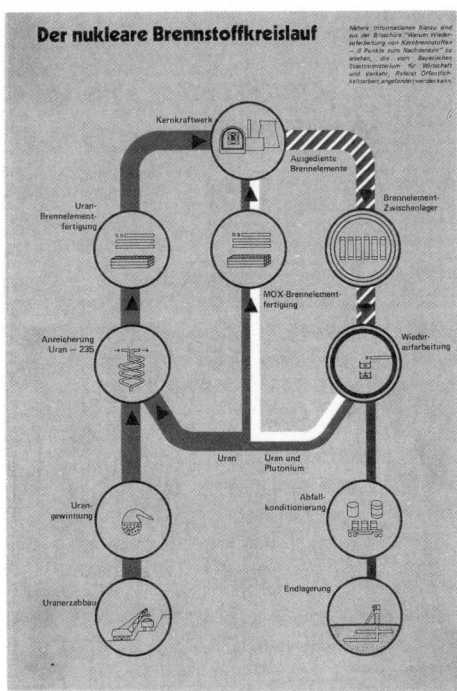

„Die Menschheit befindet sich in einer entscheidenden Stunde ihrer Geschichte. Was immer wir tun, wir stellen damit eine Weiche."[11] Wer über das Für und Wider der Kernkraft-Nutzung nachdenkt, sich wahrhaftig beinahe „den Kopf zerbricht", erfährt Bedrängnis und Not solcher Entscheidung. Es ist schon ein „Kreuz", sich entscheiden zu müssen, in welche Richtung die zukünftige Energieversorgung laufen soll. Wer sich zu entscheiden hat, orientiert sich an Wertvorstellungen, die sich auf Lebens- und Weltanschauung auswirken. So ist die Entscheidung für oder gegen Kernenergie eine Lebensentscheidung im wahrsten Sinn des Wortes. Weil wir es hier mit einem technischen System besonderer Komplexität zu tun haben, muß die ethische Einschätzung mit einer allgemeinen ethischen Wertung von Technik überhaupt einsetzen.

Ethik kommt vor Technik

Der Mensch darf nicht alles, was er kann (ZS I,1). Das technisch und wirtschaftlich Machbare ist nicht schon unbedingt das, was gut ist und der Menschheit letztlich zum Wohl gereicht. Ob das Machbare verantwortet werden kann, läßt sich nur entscheiden, wenn es am Kriterium der Menschenwürde gemessen wird, d.h. wenn die Bedürfnisse des ganzen Menschen erwogen werden. Technischer Bedarf und wirtschaftliche Rentabilität allein dürfen nicht den Ausschlag geben.

Die Ziele unseres menschlichen Handelns werden von der Ethik bestimmt. Wir müssen uns fragen, was wir überhaupt wollen und was wir wollen sollen. Über das, was sein soll und „wünschenswert ist, können nicht naturwissenschaftlich-technische Experten befinden. Natur- und Ingenieurwissenschaften sa-

gen uns nur, was wir tun können, nicht aber, was wir tun sollen und dürfen"[12]. Die in Gang gesetzten technologischen Prozesse dürfen nicht, dem Trägheitsgesetz folgend, um jeden Preis oder gar ungeprüft in die Zukunft verlängert werden. Jede Form von Technik muß sich gefallen lassen, ethischer Kritik ausgesetzt und anthropologisch hinterfragt zu werden. Eine solche ethische „Zensur" ist erforderlich, weil Technik einen Hang zu automatischer Fortschreibung hat. Der technische Fortschritt muß „beherrscht" werden, damit er nicht menschlicher Kontrolle entgleitet und so menschen-feindlich ausartet. Gut ist Technik dann, wenn sie emanzipatorische Funktion hat, d.h. der Befreiung des Menschen aus Not dient. Ethische Verantwortung muß technologischer Maßlosigkeit wehren und technische Euphorie dämpfen, damit Technik nicht zum Religionsersatz wird und als totale Heilbringerin gilt. Der Ethik muß ein Vorrecht vor Technik deswegen eingeräumt werden, weil der Mensch enorme Macht über die Natur gewonnen hat, nicht immer jedoch Macht über seine eigene Macht. Wir müssen lernen, technische Neuerungen kritisch unter die Lupe zu nehmen, so mitreißend und faszinierend solche Innovationen auch sein mögen. „Wenn die Menschen einen einzigen Schritt nach außen tun wollen zur Beherrschung der äußeren Natur durch Technik, dann müssen sie zuvor drei Schritte der ethischen Vertiefung nach innen getan haben" (Novalis).

Damit die Auseinandersetzung des Menschen mit seiner eigenen Maßlosigkeit gelingt, bedarf er vor allem der Tugend der Wahrhaftigkeit und des Maßes. Erforderlich ist jene Sachlichkeit, die auf „Interessen" keine Rücksicht nimmt, nichts verschleiert, nichts verharmlost, nichts hysterisch aufbauscht, sondern die Karten auf den Tisch

legt. In dieser Beziehung müssen sowohl Befürworter als auch Gegner der Kernenergie noch einiges lernen. Konkret: Die einen dürfen nicht einfach behaupten, ohne Nutzung der Kernenergie gingen die Lichter aus; die andern dürfen nicht vertuschen, daß auch nicht-nukleare Energieproduktion beträchtliche ökologische Gefahren beinhaltet (man denke nur an die Schadstoffemissionen von Kohlekraftwerken).

Eine der aus „Tschernobyl" zu ziehenden Lehren ist: Der Glaube an die totale Machbarkeit von Sicherheit entpuppt sich als gefährlicher Irrglaube. Der im Land der eingetretenen Reaktorkatastrophe seit je betriebene Kult mit der Kernenergie, von deren Nutzung geradezu paradiesische Daseinsgestaltung auf dieser Erde erwartet wird, bekam einen massiven Dämpfer. Es haben sich Grenzen der Versuchung gemeldet. Die prometheische Ideologie, wonach die Menschheit durch technischen Fortschritt früher oder später alles in den Griff bekommen soll, wurde in Frage gestellt. Man muß sich daran erinnern, daß Karl Marx die mythologische Figur des Prometheus, der die Erde ohne Gott zu beherrschen antrat, als die Heiligenfigur des Atheismus-Marxismus bezeichnete.

Das Problem der Sicherheit von Kernkraftwerken

Der Betrieb von Atomkraftanlagen beinhaltet ein enormes, d.h. außerhalb herkömmlicher, gewöhnlicher Normen liegendes Gefahrenpotential. Von absoluter Sicherheit kann keine Rede sein, auch da nicht, wo — wie in der Bundesrepublik Deutschland — die Sicherheitstechnologie ohne Zweifel einen recht hohen Standard aufweist, jedenfalls einen weit höheren als in der Sowjetunion. (Selbst das größte Kernkraftwerk der Welt, das von Frankreich gebaute Superwerk in Cattenom, soll in bestimmten Systemteilen einen geringeren Sicherheitsgrad haben als westdeutsche Anlagen.) Nun wird überall geforscht, um mehr Sicherheit zu gewinnen. Seit Jahren gibt es eine eigene Disziplin der Sicherheitsphilosophie („Philosophy of security") und Sicherheitstechnologie. Untersuchungen laufen über das Wesen von Gefahr und Risiko.

Die Risiko-Analyse ist eine auf der Versicherungsmathematik fußende Wissenschaft.

Von Bedeutung sind folgende Unterscheidungen: Als abstrakt gilt eine *Gefahr,* wenn nicht bestimmbare schädigende Ereignisse zu nicht bestimmbarer Zeit zu erwarten sind; konkret hingegen ist eine Gefahr dann, wenn bestimmbare schädigende Ereignisse zu bestimmbarer Zeit zu erwarten sind. Ist ein schädigendes Ereignis eingetreten, dann liegt eine Störung vor. Um eine drohende Gefahr handelt es sich, wenn ein schädigendes Ereignis direkt bevorsteht. Die akuteste Zuspitzung einer Störung ist die Katastrophe, d.h. eine Gefahrenlage, die mit den verfügba-

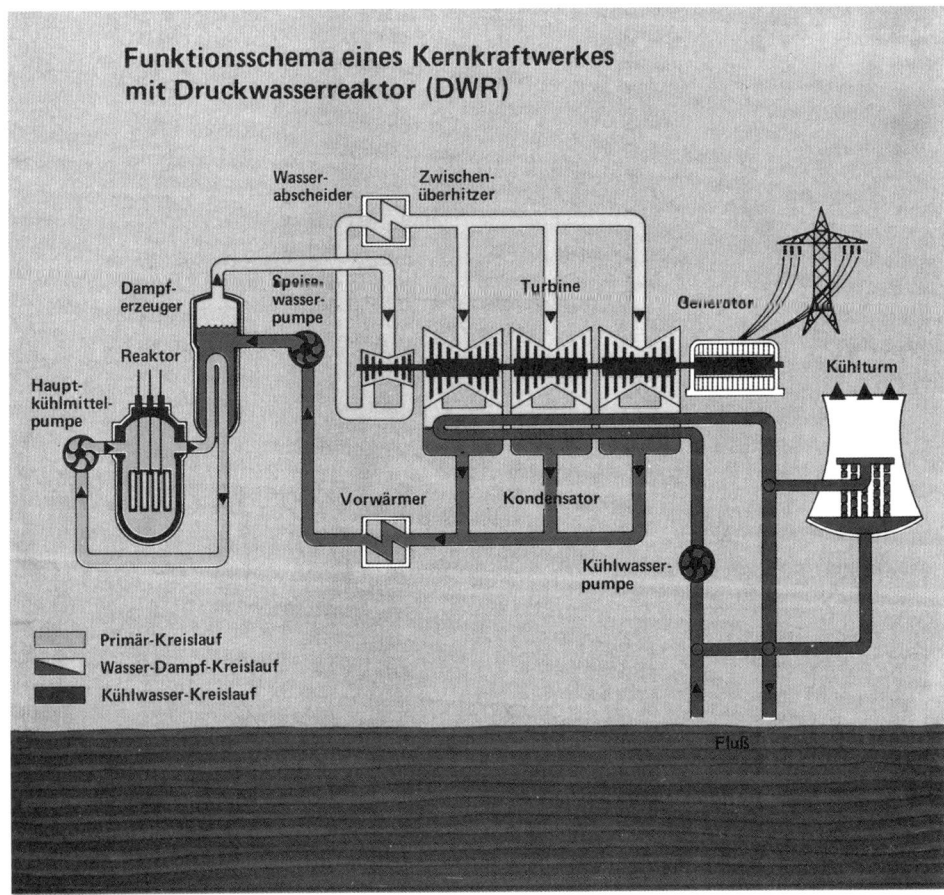

Funktionsschema eines Kernkraftwerkes mit Druckwasserreaktor (DWR)

Wasserabscheider

Zwischenüberhitzer

Dampferzeuger

Speisewasserpumpe

Reaktor

Turbine

Generator

Hauptkühlmittelpumpe

Kühlturm

Vorwärmer

Kondensator

Kühlwasserpumpe

▭ Primär-Kreislauf
◧ Wasser-Dampf-Kreislauf
▬ Kühlwasser-Kreislauf

Fluß

ren Kräften aller Wahrscheinlichkeit nach nicht mit hinreichender Sicherheit bekämpft bzw. gemeistert werden kann. Ganz allgemein wird von Gefahr dann gesprochen, wenn eine Sachlage besteht, die bei ungehindertem Geschehensablauf wahrscheinlich zu einem Schaden führt. Unter *Risiko* versteht die Sicherheitswissenschaft eine mögliche Veränderung zum Schlechten, die Möglichkeit des Eintritts eines unerwünschten oder des Nichteintritts eines gewünschten Ereignisses, wobei der Ausgang ungewiß ist. Die Größe des Risikos hängt ab von den Faktoren Wahrscheinlichkeit des Schadenseintritts und des Schadensausmaßes. Das technische Risiko ergibt sich (sozusagen mathematisch) aus dem Produkt von Eintrittswahrscheinlichkeit und Schadensausmaß. Im Falle der Gefahr übersteigt der zu befürchtende Schaden das zumutbare Risiko. Während dieses die zumutbare und rechtlich erlaubte Gefährdung bezeichnet, bedeutet Gefahr die übermäßige und rechtswidrige Gefährdung. Ist nun das errechnete Risiko kleiner als der festgelegte Grenzwert des zulässigen Risikos, dann ist die Sicherheit größer als 1 und damit ausreichend.

Unter den Risikoberechnungen ist vor allem der Rasmussen-Report aus dem Jahre 1979 bekannt geworden. Demnach ist die Häufigkeit schwerster Unfälle in Kernkraftwerken rund 10 000 mal geringer als die Häufigkeit von Erdbeben, Wirbelstürmen, Flugzeugabstürzen und Staudammbrüchen.

Dennoch sind nicht nur die Ingenieurwissenschaften für die Besorgung maximaler Sicherheit verantwortlich, sondern auch der Staat. Er hat die Pflicht zur legislativen und administrativen Risikosteuerung. Neue Technologien dürfen nicht zugelassen werden, solange ihre Risiken nicht hinreichend beherrschbar sind. Es liegt folgende Entschei-

dung des Bundesverfassungsgerichtes vor: Dem vom Atomgesetz formulierten Gebot der bestmöglichen Gefahrenabwehr und Risikovorsorge sei Genüge getan, wenn es nach dem Stand von Wissenschaft und Technik praktisch ausgeschlossen erscheint, daß Schadensereignisse eintreten werden.

Absolute Sicherheit ist unmöglich

Völlige Sicherheit gibt es nicht, kann es nicht geben. Weltgestaltung, die mittels Technik erfolgt, gelingt nur unter Risiken. Das hängt damit zusammen, daß bereits die wissenschaftliche Forschung ihre Grenzen hat. Das Wissen des Forschers ist, dem Kalkar-Beschluß des Bundesverfassungsgerichtes zufolge, nur „Annäherungswissen, das nicht volle Gewißheit vermittelt, sondern durch jede neue Erfahrung korrigierbar ist und sich insofern immer nur auf dem neuesten Stand unwiderlegten möglichen Irrtums befindet". Daher trägt jedes technische System grundsätzlich ein Risiko in sich. Auch ganz „zivile" technische Einrichtungen wie Flugzeuge, Röntgenapparate, Medikamente, Autoverkehr. Bei der Bewertung der Kernenergie-Risiken muß man fairerweise daran denken, daß das Auto nicht nur jährlich 9000 Menschenleben kostet, sondern auch etwa 100000 Menschen zu Invaliden macht. Dabei ist das statistische Schicksal der Autoinvalidität kein Risiko, sondern Gewißheit; ein Risiko ist es lediglich für den einzelnen Verkehrsteilnehmer. Man weiß auch, daß Kohle-Emissionen (Schwefeldioxyd, Stickoxyd) Schäden in der Natur, im Wald verursachen und zudem für Millionen von Krebserkrankungen verantwortlich sind. Das ist nicht nur ein potentielles Risiko, sondern statistische Gewißheit.

Das Risiko ist menschlichem Leben gleich-

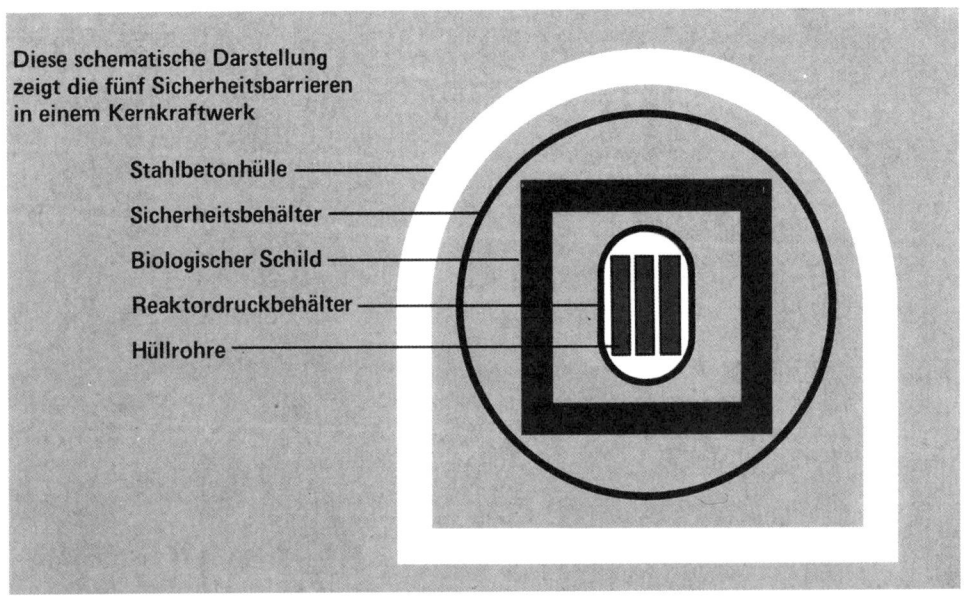

Diese schematische Darstellung zeigt die fünf Sicherheitsbarrieren in einem Kernkraftwerk

Stahlbetonhülle ————————

Sicherheitsbehälter ————————

Biologischer Schild ————————

Reaktordruckbehälter ————————

Hüllrohre ————————

sam einprogrammiert. Niemand kann für eine „absolute Sicherheit der Kernkraftwerke garantieren. Es ist unbestritten, daß immer ein gewisses 'Restrisiko' bleibt"[13]. Unter Restrisiko versteht man jenes Maß von und Quantum an Risiko, das auch dann noch bestehen bleibt, wenn, nachdem und obwohl ein technisches System in allen seinen Einzelheiten nach ingenieurwissenschaftlichen Erkenntnissen sicher „gemacht" worden ist. Selbst maximaler Einbau optimaler Sicherungsvorrichtungen (mit mehrfacher Wiederabsicherung) nach neuestem technologischem Standard vermag letztlich nicht garantiert auszuschließen, daß die technische Anlage teilweise oder ganz versagen kann — sei nun das Versagen durch natürliche Verschleißerscheinungen, durch Störfälle oder durch von außen kommende Gefährdungen (Flugzeugabsturz, Sabotage, terroristische Anschläge) verursacht. Mit Restrisiko ist jede Form von Technik verbunden, ohne es kön-

nen wir Menschen der technologischen Industriegesellschaft mit ihren Annehmlichkeiten nicht leben. Es meint jenen Rest (jenes Überbleibsel) von Unsicherheit, der sich trotz aller durchkalkulierten und computersimulierten Sicherungssysteme nicht bewältigen läßt. Diese Unsicherheit ist der Preis menschlicher Indienstnahme von Technik. Es versteht sich von selbst, daß solcherart Unsicherheit im Falle der Kernenergietechnik besonders verhängnisvoll werden kann.

Deswegen muß ein „sicherer Betrieb" der Kernkraftwerke „garantiert" werden.[14] Es wird zwar nicht einfach verneint, daß „sittlich verantwortbare Wege zur Bereitstellung und Nutzung von Atomenergie" entdeckt werden können — aber: es müssen „mit Sicherheit Explosionen, Strahlenschäden und sonstige Katastrophen ausgeschlossen" sein. Vorrang hat die Sicherheit. Diese Priorität von Sicherheit ist derart absolut, daß — und das will viel heißen — der mögliche Einwand, der Verzicht auf Kernenergie führe in den Industriestaaten und den Ländern der Dritten Welt zu schwere Notständen, „nicht letztlich entscheidend sei" (Höffner: s. Anm. 14). Für das Leben der Menschheit darf durch mögliche Unfälle oder künftige Nebenwirkungen keine „ernstliche Gefahr" drohen. Eine Ausnahme von dieser Regel gibt es nicht. Selbst wenn feststünde, daß bei Verzicht auf die Nutzung der Kernenergie Arbeitsplätze verloren gingen, wäre dies kein Grund, auf Atomkraftwerke zu setzen, *falls* die gebotene Sicherheit nicht garantiert werden könnte. Es müssen also die „äußersten Sicherheitsvorkehrungen" getroffen werden.[15] Es genügt nicht, wenn Fachwissenschaft und Technik erklären, es sei „wahrscheinlich", daß Schäden verhindert werden können. Das muß „sicher" sein. Ob nun und in welchem Maß Sicherheit (die sowieso nie eine absolute sein kann) vorliegt, kann der Laie nur dadurch in Erfahrung bringen, daß er sich auf Gutachter, Experten, Fachleute stützt bzw. verläßt. Ohne Vertrauen geht das nicht. Es ist jedoch „vernünftig", einer Mehrheit von in internationalen Kommissionen arbeitenden „Wissenden" zuzutrauen, daß sie den richtigen Einblick haben und der Wahrheit Zeugnis geben. Im Zweifelsfall mag man allerdings davon ausgehen, ein gewagtes Unternehmen könne mißlingen und es werde nicht schon alles gut gehen.[16]

Gemeinwohl als Kriterium: Alle sind betroffen — alles ist betroffen

Bei der Diskussion um die Kernenergie spielt der Aspekt des Gemeinwohls immer schon eine zentrale Rolle. Das ganze ökologische System wird auf jeden Fall Belastungen ausgesetzt, die sich präziser Vorausberechnung entziehen. Nun darf aber keine Generation die kommende „mit unerträglichen Hypotheken belasten" (ZS II,5). Spätestens seit „Tschernobyl" wissen wir: Unsere Erde stellt ein Behausungssystem dar, in dem kein Vor-

Cattenom .3

TSCHERNOBYL, EIN THEMA / ZUM
NACHDENKEN FÜR DIE GANZE WELT

August war ein arbeitsreicher Monat für die 400 internationalen Experten, die für eine Woche dem Ruf der IAEO (Internationale Antomenergie-Organisation) nach Wien gefolgt waren.
Auf der Tagesordnung dieser Sitzung : Untersuchung des von den Russen nach dem Tschernobyl-Unfall erstellten Berichts.

fall ohne Auswirkungen auf das Ganze bleibt. Was im einen Raum passiert, zieht alle anderen Räume in Mitleidenschaft. Alle (Menschen) sind betroffen; alles ist betroffen: Luft, Pflanzen, Wasser, Klima. Das ökologische System unserer Erde hat buchstäblich globalen Charakter. Umwelt ist kein aus privaten Nischen bestehendes Gebilde, sondern schicksalhaftes Gemeingut. Wer in die so vernetzte Umwelt eingreift, muß wissen: „Unsere" Umwelt ist „eure" Umwelt. Radioaktive Wolken setzen sich über nationale Grenzen hinweg; verseuchte Flüsse münden in internationale Meere. Ein ökologisches „Attentat" im Tschernobyl-Ausmaß bedeutet in der Tat einen Anschlag auf das Ganze. Das Gemeinwohl unseres Planeten und künftiger Generationen steht vor allem auch deswegen auf dem Spiel, weil die Entsorgung radioaktiven Mülls beträchtliche Schwierigkeiten bereitet. Es ist jedenfalls zu bedenken, daß „zukünftigen Erdbewohnern einstweilen noch nicht voll kalkulierbare Risiken aufgebürdet werden". Frage: Darf die gegenwärtige Generation der ihr nachfolgenden derartiges aufbürden und zumuten?[17] So dürfte es nicht zu verantworten sein, die ganze zukünftige Energieversorgung nur „kerntechnisch" zu verplanen (vgl. ZS III,2). Man sollte sich hüten, allzu rasch Verantwortung zu übernehmen für Wirkungen, welche die Erde „über Jahrtausende hin belasten können" (Verantwortung wahrnehmen 27).

Keine technologische Einrichtung hat solche Fernwirkungen wie der Komplex Kernenergie. Sie sprengt sowohl generative als auch nationale (politische) Grenzen; denn sie zieht kommende Generationen in Mitleidenschaft und läßt sich nur international bewältigen. Ohne Zusammenarbeit auf zwischenstaatlicher Ebene gibt es keine befriedigenden Lösungen, handle es sich nun um Fragen der

Sicherheit von im Betrieb befindlichen Kernkraftwerken oder um Verzicht auf Kernenergie. Es geht um die Sicherheit aller Kraftwerke über Grenzen hinweg. Ein weitblickendes internationales Ethos muß sich gegen engstirnige Provinzialität durchsetzen. Sicherheitsstandards müssen international harmonisiert, Vorsorgesysteme aufeinander abgestimmt werden. Die zu besorgende Sicherheit verläuft auf drei Ebenen:

— Betrieb des Kernreaktors,
— Transport radioaktiver Abfallstoffe,
— gesundheitliche Sicherung der Bevölkerung bei auftretenden Katastrophen.

Es erscheint geboten, jedenfalls auf den zwei ersten Ebenen zwischenstaatlich verbindliche Verträge zu schließen, in denen an die Sicherheitsstandards die strengsten Maßstäbe anzulegen sind und jene Emissionswerte gelten sollen, die am niedrigsten liegen. Dabei kommt jenen Nationen eine führende Rolle zu, welche die anspruchsvollsten Sicherheitsnormen anwenden. Unabhängige wissenschaftliche Kommissionen müssen einheitliche Dosisgrenzwerte festlegen, bei deren Überschreitung gesundheitliche Vorsorgemaßnahmen zu ergreifen sind. Erforderlich ist ein System zur einheitlichen Erfassung, Auswertung und Weitergabe von Meßdaten der Radioaktivität. Zum Komplex der internationalen Sicherheitskontrolle und Vorsorge gehört eine unabhängige (auch betreiberunabhängige) Fernüberwachungstechnik.

Internationale Kooperation ist aber nicht nur beim Aufbau und Betrieb der Kernkraftwerke geboten, sondern auch dann, wenn es Wege zu erforschen gilt, die vom kerntechnischen Kurs wegführen. Der Umstieg auf nicht-atomare Energie muß international vorbereitet werden; ein isoliert nationaler Ausstieg mag eine moralisch mahnende Symbolik und eine

Pilot-Funktion haben, kann jedoch die supranationalen Gefährdungspotentiale nicht aus der Welt schaffen. Wie die Friedenssicherung, so ist auch die Sicherheit der weltweiten Energieversorgung unteilbar: Wenn nicht alle „mitziehen", ist dem Ringen um Sicherheit langfristig kein Erfolg beschieden.

Ausstieg aus der Kernenergie?

Es hat keinen Sinn, „aus Prinzip", in jedem Fall und für immer gegen friedliche Nutzung der Kernenergie einzutreten. Hier haben wir es nämlich nicht mit einem Sachverhalt wie z.B. der Lüge, dem Mord, dem Diebstahl zu tun. Derartige Handlungen sind einfach „per definitionem", d.h. von der Begriffsbestimmung her, verboten. Mord gilt in sich und aus sich als sittenwidrig. Solche Eindeutigkeit (des Verbots und der Niederträchtigkeit) liegt beim Sachverhalt Kernenergie nicht vor. Man kann einfach nicht behaupten, die friedliche Nutzung von Kernenergie sei etwas Böses an sich. Derartige Dämonisierung ist unvernünftig und unsachlich. Da es sich freilich um eine recht komplizierte und zudem nicht ungefährliche Materie handelt, müssen persönliche Entscheidungen Pro bzw. Kontra gewissenhaft vorbereitet werden. Die Argumente aller „Parteien" verdienen ernsthafte Abwägung. Die Dinge liegen nicht so einfach, daß es eine völlige Entkräftung sämtlicher Argumente einer Seite (Pro oder Kontra) geben könnte. Jede Seite muß in Nüchternheit und Lauterkeit ihre eigenen Gründe und Hintergründe offenlegen und die Gegengründe ernstnehmen. Verdächtigung und Fanatisierung dürfen nicht sachbezogene Argumente ersetzen (vgl. ZS III,2). Die Entscheidung für Kernenergie kann nur getroffen werden, obwohl auch Gründe dagegen sprechen, ebenso die Ent-

scheidung dagegen, obwohl auch Gründe dafür sprechen. Zwei gleichermaßen gewissenhafte Menschen können zu verschiedenen Ergebnissen gelangen; deswegen können auch Christen, unbeschadet ihres Glaubens, über die Sicherheit von Kernkraftwerken verschiedener Auffassung sein. Zudem ist nicht auszuschließen, daß jemand die einmal früher getroffene Entscheidung später revidiert, entweder weil er dazugelernt hat oder weil die Sachlage selbst neue Aspekte aufweist. Man ist übrigens sittlich verpflichtet, die gefällte Entscheidung im zumutbaren Rahmen immer wieder auf ihre Stichhaltigkeit hin zu überprüfen.

Die Zustimmung zur Kernenergie „läßt sich nur verantworten, wenn man die damit verbundenen Gefahren kennt und wenn man in der Lage ist, diese Gefahren so gering . . . wie nur möglich zu halten, so daß sie von dem versprochenen Nutzen eindeutig übertroffen werden"[18]. Nach meiner Ansicht kann und darf die Entscheidung für Kernenergie nur als „ultima ratio" in Frage kommen. D.h. die Nutzung der Kernenergie sollte das „Letzte" sein, wenn feststeht, daß alle anderen Verfahren zur Problemlösung (Deckung des Energiebedarfs) untauglich sind. Die Formel „Kernenergie als ultima ratio" verbietet frisch-fröhliche, bedenkenlose Zustimmung, gar so etwas wie „nukleare Euphorie" oder verträumte Reaktormagie; sie verwehrt aber auch einen totalen und direkten Ausstieg aus dem kerntechnischen Szenario, sofern keine überzeugenden Vorschläge vorliegen, wie das dann drohende Energieversorgungsdefizit und wie wahrscheinliche soziale Konflikte (partielle Arbeitslosigkeit) in den Griff zu bekommen sind. Hilfreich ist weder „nukleartechnologischer Triumphalismus" noch aus Überängsten geborener Sofortausstieg. Die friedliche Nutzung von Kernenergie kann subsidiär toleriert werden, wenn sie ergänzende Funktion hat, um Lücken auszufüllen, die elementare Versorgungsbedrohungen bedeuten, und wenn ausreichende Sicherheitsvorkehrungen getroffen worden sind. Jedenfalls ist der Ausstieg aus der Kernenergie keine „Pflicht des christlichen Gewissens"[19] — bis neue Energien gefunden worden sind. Die Erforschung alternativer Energien (z.B. Sonnenenergie) muß jedoch vorangetrieben werden, selbst dann, wenn gefährliche Auswirkungen der Kernenergie mit Sicherheit verhütet werden können.

Überblickt man die verschiedenen ethischen Argumentationen, legt sich folgende Position nahe: Nachdrückliche Förderung verdienen

Der Energieverbrauch der Welt ist recht unterschiedlich verteilt. Die Industrieländer haben gegenüber den Enwicklungsländern einen viel höheren Energieverbrauch.
So verbraucht:
Westeuropa bei 9% Anteil an der Weltbevölkerung 17% der Energie — die Entwicklungsländer bei 53% Bevölkerungsanteil nur 16% Energie.

%   Anteil an der Bevölkerung

(%)   Anteil am Energieverbrauch

53 % (16 %)	30 % (34 %)	9 % (17 %)	6 % (28 %)	3 % (5 %)
Entwicklungsländer	Osteuropa China UdSSR	Westeuropa	Nordamerika	Japan

all jene Forschungen und technischen Entwicklungen, die katastrophenanfällige Systeme überflüssig machen. Es müssen zähe Anstrengungen erfolgen, damit ein besonnener, kalkulierter, stufenweiser Umstieg auf nichtnukleare (alternative) Energien Chancen hat. Soll die Spanne zwischen heute und dem überlegt programmierten Umstieg möglichst kurz ausfallen, müssen auch moralische Alternativen zum Zuge kommen: Veränderung des Lebensstils und die Bereitschaft, mit dem Konsum von Stromenergie maßzuhalten. Technologische und moralische „Innovationen" müssen kombiniert werden, damit es langfristig möglich wird, sich den Umstieg leisten zu können. Wer dazu nicht bereit oder fähig ist, kann nicht glaubwürdig für Ersatz der Kernenergie plädieren, sondern muß der Option für sie treu bleiben.

3. Die vier Kardinaltugenden als Eckdaten eines ökologischen Ethos

Wenn die ökologische Thematik diskutiert wird, taucht regelmäßig die Frage auf, ob und wo es ethische Anhaltspunkte gibt, die bei der Bewältigung des Problems weiterhelfen, Entscheidungsmaßstäbe liefern und Orientierung geben können. Allenthalben ertönt der Ruf nach einer neuen Umweltethik. Brauchen wir eine Umweltethik? Die Antwort kann nur „ja" lauten. Brauchen wir eine neue Umweltethik? Antwort: nein. Zunächst mag dieses Nein schockieren, mißtrauisch machen, Kopfschütteln hervorrufen. Im folgenden soll aber gezeigt werden, daß die sittlichen Werte und Haltungen, die heute gefordert werden, alle schon im traditionellen „Schema" der vier Kardinaltugenden enthalten sind. Eine neue Umweltethik brauchen wir nicht, weil es eine solche gar nicht gibt. Der Ruf danach kommt freilich nicht von ungefähr; er zeugt von einem sträflichen Defizit ethischer Bildung. Wer weiß heute noch etwas von den vier Kardinaltugenden? Wir haben „sorglos und absichtlich unser großes klassisch-christliches Erbe verschleudert" (E.F. Schumacher).

Klugheit

„Ökologische Intelligenz"

Klugheit meint eigentlich das, was die antik klassische Ethik (der Griechen und Römer) unter *Weisheit* verstand. Und auf diese kommt es besonders an. Während Wissenschaft (scientia) detaillierte Sachverhalte untersucht und den Ursache-Wirkungszusammenhang exakt erforscht, zielt Weisheit (sapientia) auf das Ganze, auf Zusammenhänge. Sie ist am Wesentlichen interessiert und denkt ans Ende, d.h. an die langfristigen Nachfolgewirkungen menschlichen Tuns und Unterlassens. Und das ist genau jene Einstellung, die unser Verhalten in Sachen Umweltschutz bestimmen müßte. Geht es doch bei Ökologie um Vernetzungen und Langzeiteffekte. Was wir heute brauchen, ist ein speziell ökologisches „studium generale", um der gefährlichen Vereinzelung und Einigelung der Wissenschaftszweige zu wehren.

Die Tugend der Klugheit vermittelt die Fähigkeit, den geistigen Blick für wesentliche Zusammenhänge zu schärfen. Als ethische Haltung bedeutet sie die Bereitschaft, das Ökosystem in seinem komplexen Gefüge zu erfassen. A. Peccei, der Initiator des „Club of Rome", führt die ökologische Krise auf die Unfähigkeit des Menschen zurück, zu begreifen. Der Kluge begreift, worauf es eigentlich ankommt, wo Sinnzusammenhänge zu beachten und Prioritäten zu setzen sind. Klugheit meint Begabung zur umfassenden Diagnose der ökologischen Gesamtsituation. Dazu bedarf es der geistigen Fähigkeit, Sachverhalte überhaupt zu erkennen. Sämtliche Schäden müssen global bilanziert werden; Partikularisierung des Gesamtproblems führt nicht weiter. Klugheit ist auch „Kunst des Handelns" (ars agendi). Politiker und Bürger verhalten sich also dann klug, wenn sie mit den begrenzt verfügbaren Ressourcen Natur, Landschaft, Luft, Wasser, Bodenschätze schonend und sparsam umgehen, damit das alle verbindende Ziel der Sicherung des Überlebens von Menschheit und Umwelt nicht verfehlt wird. Die Tugend der Klugheit ist die Begabung, nach- und vor(aus)zudenken. Nachdenken ist der erste Weg, klug zu handeln (Confucius). Klugheit verhindert kurzfristiges Denken und verbietet eine Politik, die natürliche Ressourcen nur nach dem augenblicklichen ökonomischen Wert taxiert und aus Kurzsichtigkeit und/oder Bequemlichkeit bereit ist, sie an jene Interessenten zu verhökern, die das meiste Geld bieten. Derart unkluges Verhalten läßt jeden „Geist der Besonnenheit" (2 Tim 1,7) vermissen. Klugheit (lat.: prudentia = providentia = Vorausschau, Vorsorge, Fürsorge) besagt die Begabung, in langen Zeiträumen zu denken und den Ausgang der Entwicklung verantwortlich im Auge zu behalten. Kluger Umweltschutz ist deswegen vorrangig Umwelt-Vorsorge. Es geht um die Einsicht, daß Luft, Wasser, Landschaft mehr wert sind als das, was sie ökonomisch hergeben. Sofern diese

Erkenntnis entweder nicht vorhanden ist oder nicht zum praktischen Vollzug kommt, haben wir es mit einer „unglaublichen kollektiven Dummheit der Menschheit" zu tun (K. Lorenz).

Sich-Informieren — Zeichen der Klugheit

Wie jede andere Kardinaltugend, so hat auch die Klugheit ein „Gefolge", Tugenden nämlich, die sich ganz natürlich aus der Haupttugend ergeben. In der klassischen Tradition ist recht anschaulich von „Tochtertugenden" die Rede.

Als erste Tochtertugend der Klugheit gilt die „Gelehrigkeit". Ohne sie gelangt unter normalen Bedingungen kein Mensch zu jenen ökologischen Kenntnissen, an denen er seine Entscheidungen und sein persönliches Verhalten orientiert. Wie ein in höchster Verantwortung stehender Bundeskanzler immer wieder auf seine Berater zurückgreift, so müssen sich all die Laien in Sachen Ökologie von denen, die sich in der Materie auskennen, etwas sagen lassen. Ein Mensch, der für sich totales Umweltbewußtsein beanspruchen wollte, müßte ein (ökologisches) Universalgenie sein. Wie sonst könnte er biologischen, klimatologischen, hydrologischen, lärmtechnologischen, forstwissenschaftlichen usw. Sachverstand besitzen? Weil es einen solchen Allround-Fachmann nicht gibt, sind alle darauf angewiesen, sich zu informieren, sich etwas „sagen zu lassen". Dazu braucht der Betroffene eben die Tugend der Gelehrigkeit. Sie meint die Fähigkeit und Bereitschaft, sich von Fachleuten aufklären, von Experten und Gutachtern belehren zu lassen. „Gelehrig" müssen wir uns „schulen", Informationen (nicht Sensationen) unvoreingenommen entgegennehmen und Sachargumente gelten lassen. Gelehrigkeit verlangt, sich vor der endgültigen persönlichen Urteilsbildung mit der Meinung der Vertreter sowohl der Pro- als auch der Kontra-Position vertraut zu machen. Wie soll jemand z.B. in der Frage der Kernenergie zu einer eigenen verantwortlichen Entscheidung kommen, wenn er nicht — im Rahmen der Möglichkeit und Zumutbarkeit — die verschiedenen bzw. gegensätzlichen Standpunkte zur Kenntnis nimmt? Mit guten Gründen werden im Vorraum gewichtiger Entscheidungen gerade auf dem ökologischen Sektor „Hearings" organisiert, d.h. Anhörungen zu einem bestimmten Sachproblem. Müßte aber nicht manchem Hearing dieser Name abgesprochen werden, weil es gar keine „Anhörung" ist? Hearings werden bisweilen dazu benutzt, die eigene, zementierte, bereits vorgefertigte Meinung lauthals zu propagieren und bestätigen zu lassen. Den Namen Hearing mißbraucht, wer überhaupt kein echtes Interesse hat, anderen zuzuhören, sondern angetreten ist, um sich eigensinnig und überheblich als selbsternannten Experten in Szene zu setzen.

Fundierte Entscheidung und Aktion — Folgen der Klugheit

Aufschlußreich ist, daß die Entscheidungsfähigkeit als eine Tochtertugend der Klugheit angesehen wird. Die klassischen Autoren (Aristoteles und Thomas von Aquin) argumentieren: Wer über ein Problem nachdenkt, soll sich Zeit nehmen, um das Für und Wider zu erwägen und die Folgen abzuschätzen. Dann aber gelte es, das, was in Ruhe überlegt wurde, ohne langwieriges Zaudern in die Tat umzusetzen. Es ist demnach ein Gesetz der Klugheit, lange zu überlegen, aber zügig zu handeln. Auf die heutige ökologische Problematik bezogen bedeutet dies konkret: Die

Ursachen des Waldsterbens müssen besonnen, ohne Überstürzung, geduldig erforscht werden. Liegt dann aber eine Krankheitsdiagnose vor, sind unverzüglich therapeutische Maßnahmen zu ergreifen und konsequent durchzusetzen. Es wäre unklug, solange abwarten zu wollen, bis auch noch die letzte offene forstbiologische Frage eindeutig beantwortet ist. Die Unfähigkeit, sich zu entscheiden, würde nicht zur Bekämpfung, sondern zur „Verwaltung des Waldsterbens" führen.

Wo die Tugend der Klugheit fehlt, hat Umweltschutz insgesamt keine Chancen. Ihre Leistung liegt nämlich auf drei Ebenen:

1. Sie schärft den Verstand und stellt die „Intelligenz" für das Erfassen der ökologischen Zusammenhänge her.

2. Sie disponiert und macht offen für das vernünftige Vernehmen einschlägiger Informationen.

3. Sie macht entschlußfähig und entschlußfreudig, so daß der Mensch spontan zur umweltschützenden Tat schreitet.

Gerechtigkeit

Recht und Unrecht an der Natur

In der klassischen Rechtsphilosophie und Ethik spielt das Naturrecht eine zentrale Rolle. Es ist höchste Zeit, seinen Stellenwert im Rahmen einer Umweltethik zu entdecken, bei der es doch wesentlich um das richtige Verhältnis des Menschen zur Natur geht, um die sittlich richtige Einstellung zu ihr. Die Tugend der Gerechtigkeit wird von dem römischen Rechtsphilosophen Ulpian definiert als der „beständige Wille, jedem das Seine zu geben". „Suum cuique" — so lautet das Gebot der Gerechtigkeit. Auf den ökologischen Bereich bezogen, heißt das: Wir sind

gehalten, der Natur „das Ihre" zu gewähren, das ihr Geschuldete zukommen zu lassen. Einen strikten Rechtsanspruch hat die außermenschliche Natur allerdings nicht; denn eigentliche Rechte besitzen nur die mit Vernunft begabten Menschen, die ihrer geistigen Personwürde und Verantwortung bewußt sind. Damit wird einer unangemessenen Vermenschlichung der Natur widersprochen. Es geht nicht an, z.B. einem Baum oder einem Frosch genau die gleichen Lebensrechte wie Menschen zuzuerkennen. Mit dieser Absage an inhumane und unchristliche naturalistische Schwärmerei soll jedoch keineswegs in Frage gestellt werden, daß der nicht-menschlichen Schöpfung Rechte zustehen. Sie hat „um ihrer selbst willen" so etwas wie einen „moralischen Anspruch an uns" (H. Jonas). Jonas spricht ausdrücklich vom „eigenen Recht" des außermenschlichen Lebens. Wenn hier von Rechten (der Natur) die Rede ist, dann lediglich im analogen Sinn. „Recht" meint einfach den Anspruch der Natur auf Anerkennung, Bejahung, Würdigung, Achtung. Der Natur kommt das Recht zu, als Natur zur Kenntnis genommen, in ihrer Eigenart respektiert zu werden. Zu achten sind prinzipiell die biologischen Gesetze des Werdens und Vergehens. Dazu gehören in erster Linie die Grenzen der verfügbaren Kapazitäten von natürlichem Lebensraum, von Energieträgern (Erdöl, Erdgas), von Fauna, Flora, Landschaft, Wasser, Luft. Alle diese Ressourcen sind nur in begrenzter Menge vorhanden. Selbst die Luft ist knapp, jedenfalls gute Luft, sonst müßte sie nicht durch politische Maßnahmen saniert werden. Indem wir diesen Sachverhalt zunächst einmal zur Kenntnis nehmen, werden wir ihm gerecht, verhalten wir uns der Natur gegenüber gerecht. Wer die Grenzen der natürlichen Ressourcen ignoriert, versagt der Natur die Ach-

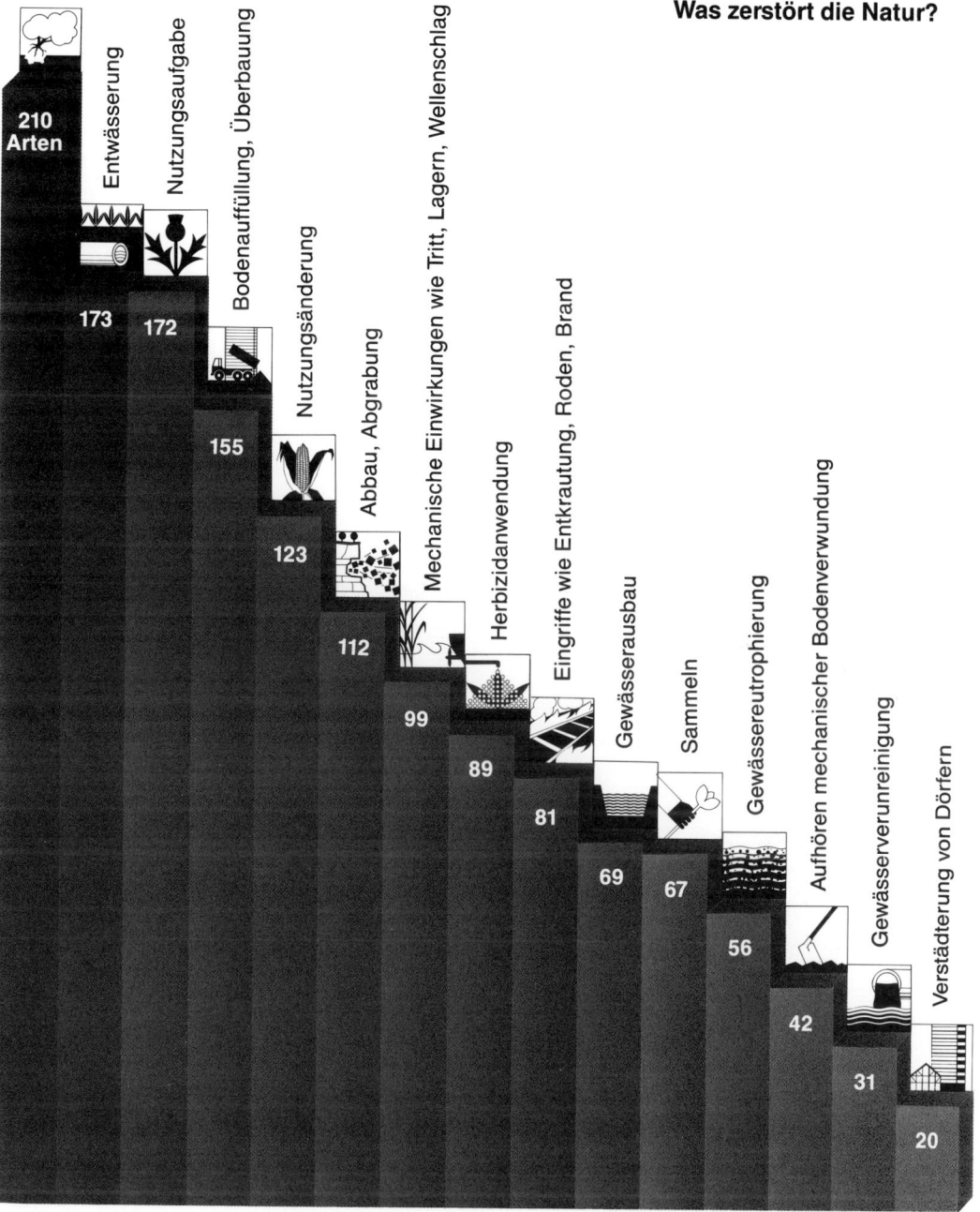

Was zerstört die Natur?

210 Arten — Entwässerung

173 — Nutzungsaufgabe

172 — Bodenauffüllung, Überbauung

155 — Nutzungsänderung

123 — Abbau, Abgrabung

112 — Mechanische Einwirkungen wie Tritt, Lagern, Wellenschlag

99 — Herbizidanwendung

89 — Eingriffe wie Entkrautung, Roden, Brand

81 — Gewässerausbau

69 — Sammeln

67 — Gewässereutrophierung

56 — Aufhören mechanischer Bodenverwundung

42 — Gewässerverunreinigung

31 — Verstädterung von Dörfern

20

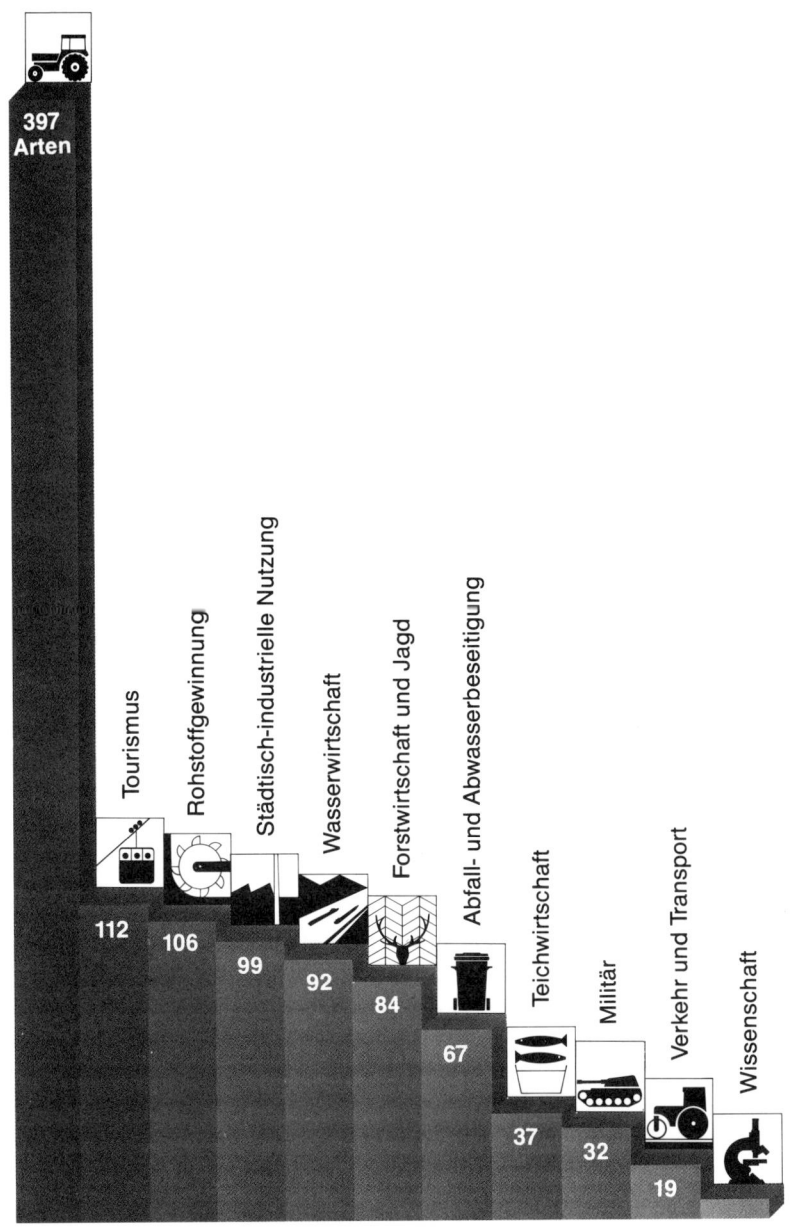

397
Arten

Tourismus

Rohstoffgewinnung

Städtisch-industrielle Nutzung

Wasserwirtschaft

Forstwirtschaft und Jagd

Abfall- und Abwasserbeseitigung

Teichwirtschaft

Militär

Verkehr und Transport

Wissenschaft

112

106

99

92

84

67

37

32

19

tung. Von Naturrecht (im subjektiven Sinn: Die Natur selbst hat „Recht") kann mit Fug und Recht allein schon deswegen gesprochen werden, weil Natur einen Wert für sich darstellt. Daß sie etwas Gutes darstellt, braucht wohl nicht eigens bewiesen zu werden. Als Schöpfungsgut ist sie ganz besonders gut und kostbar. Für den Christen hat die Natur einen „eigenständigen Wert" (A. Dick), einen „Eigenwert", der ihr in der Neuzeit zusehends genommen wird. Was aber Wert hat, hat ein Recht, gewertet und geschätzt zu werden. Der Satz: „Für den gläubigen Christen gibt es ein Daseinsrecht nurmehr des Menschen" (L. Klages) darf nicht gelten. Weil die Natur Eigenwert besitzt, darf sie nicht als Ware im materiellen Sinn behandelt werden. Das Lebendige soll leben um der Fülle und Schönheit der Schöpfung willen (vgl. ZS III,1,2). Das in der bischöflichen Verlautbarung benutzte Wort „soll" bedeutet, daß der Mensch verpflichtet ist, der Schöpfung das Recht auf lebendige Fülle zu belassen. Der Reichtum des Lebendigen ist schon an sich ein Wert, der unbedingt beachtet und geachtet werden will.

Wenn es gilt, der Natur „das Ihre" zuzuerkennen, darf sie nicht als beliebig verfügbare „Sache" vernutzt werden. „Das Ihre" erkennen ihr jene ab, die sie lediglich als beherrschbares und manipulierbares Material behandeln. Weil Natur überhaupt nicht nur Objekt ist, hat sie „subjektive" Ansätze ihres Rechtes auf Dasein und Entfaltung. Pflanzen und Tiere gehören nicht zur wertfreien Zone, auch diese Geschöpfe haben ein „grundsätzliches Recht auf Leben". Allein im Jahr 1984 starben 90—100 Tier- und Pflanzenarten aus. Den „Daten zur Umwelt 1984" (Umweltbundesamt) zufolge sind von 2467 Arten einheimischer Farn- und Blütenpflanzen 28% akut gefährdet. Der Natur muß Lebensraum be-

lassen werden, in dem sie sich entfalten kann. Wir müssen zulassen, daß die Dinge das sind, was sie „von Gottes Schöpferwillen her sind" (ZS III,1). Kritik verdient diejenige Art von Anthropozentrismus, die menschliches Maß zum schlechthin Alleingültigen und Maßgeblichen erhebt und deswegen der Natur gegenüber uneingeschränkte Macht ausübt.

Den richtigen Weg zeigt eine theozentrische Sicht: Im Mittelpunkt steht der Schöpfer selbst, welcher der ganzen Schöpfung (Mensch und Natur) ihre eigenen Gesetze eingeschaffen hat. Uns Menschen ist aufgetragen, die Schöpfung ihrer Sinnerfüllung zuzuführen; solche „Regie" kann nicht die Natur übernehmen — deswegen ist Natur-Zentrik (wonach die Natur zum letzten Kriterium stilisiert wird) ebenso irrig wie eine Anthropozentrik, die vordergründige Nützlichkeit und selbstisches Wunschdenken so in den Mittelpunkt rückt, daß Rücksicht auf die Natur zu kurz kommt.

Das Vorhaben, die ganze Schöpfung in planerischen Griff zu bekommen, zeugt von unmenschlichem Totalitarismus und prometheischem Größenwahn. Sie widersprechen der Pflicht, den „Grundbestand der Schöpfung in seinem ganzen Reichtum zu wahren" (ZS III,2). Die Herrschaft über die Welt stößt schon deswegen an Grenzen, weil der Mensch als endliches Wesen nie alles (Wirkliche und Mögliche) zu überblicken vermag. Wenn die Menschen das, was „eschatologisch" (einer „neuen Erde") vorbehalten ist, auf diese jetzige Erde zwingen wollen, koste es, was es wolle, dann geraten sie in Sackgassen. Verplanung darf nicht so weit gehen, daß kommende Generationen in ihren freien Entscheidungen beträchtlich eingeengt werden. Das gilt nicht nur für die Frage Kernkraftwerke ja oder nein, sondern auch für Raum-

und Landschaftsplanung. Die Lust, freie Landschaft fixen Plänen zu „unterwerfen", muß gezähmt werden, damit Natur noch frei sein kann und zum „Atmen" kommt.

Naturschutz ist Emanzipation der Natur

Naturschutz ist die Bemühung, die Natur in ihre „Rechte" einzusetzen, wieder zu ihrem Recht kommen zu lassen. Anders ausgedrückt: Es geht um „Emanzipation" der Natur aus ihrem Zustand der Unterdrückung und Knechtung, in den sie durch Überbeanspruchung und Übernutzung seitens der Menschen hineinmanövriert wird. Bei den alten Römern war der Sklave „mancipium", d.h. ein Wesen, das man beliebig „manipulieren" (handhaben) konnte und durfte. Im Akt der Emanzipation wird der bisher rechtlose Sklave aus (ex) der Handhabung herausgeführt und so aus entwürdigenden Zwängen befreit. Sofern Umwelt- und Naturschutz der Natur zu ihrem Recht verhilft, haben sie emanzipatorische Bedeutung. Der Mensch darf die Natur nicht mit Technik zu etwas zwingen, was sie selbst gar nicht will. Umweltverschmutzung ist so etwas wie kalte „Aberkennung" von „Ehrenrechten" der Natur.

Tierschutz — eine Form von Naturschutz

Sofern es zutrifft, daß strenggenommen nur Menschen Subjekte von Rechten sein können, haben Tiere keine eigentlichen Rechte.

Dennoch wurde der ganzen lebendigen Natur ein Anspruch auf Achtung zuerkannt, der sich davon herleitet, daß sie ein Daseinsrecht besitzt. Ein solches kommt auch den Tieren zu. Ihnen wurde immer schon ein gewisses „Recht auf Integrität" zugeschrieben, was aus der sowohl strafrechtlichen als auch ethischen Verurteilung der Tierquälerei hervorgeht. Dennoch steht außer Zweifel, daß in unserer Gesellschaft das Verhältnis zu den Tieren in vieler Beziehung nicht in Ordnung ist, daß Tieren oft „Unrecht" geschieht, sei es im alltäglichen Bereich, sei es da, wo wissenschaftliche Tierexperimente durchgeführt werden.

Aspekte eines Tierschutz-Ethos

Die ganze Erde, auf und in der zahllose tierische Makro- und Mikroorganismen leben, ist „des Herrn" (Ps 24,1). Er hat die Tiere auch dazu erschaffen, damit der Mensch erleben kann, wie schön es ist, nicht allein zu sein (vgl. Gen 2,18). Er darf mit ihnen Gemeinschaft erfahren.

Von einem gewissen „freundschaftlichen Wohlwollen" gegenüber den Tieren ist auch bei Thomas von Aquin die Rede. Schon wegen ihrer zoologischen Vielfalt sind sie schützenswert. Sie tragen ja zur Bereicherung des natürlichen Lebensraumes bei. Sie sollen „zur Ehre Gottes erhalten" werden. Als Lebewesen (animalia) haben sie Ähnlichkeit mit dem Schöpfer, der sie weise geschaffen und mit sinnlichen Fähigkeiten ausgestattet hat. Tiere sind von Gott ins Dasein gerufene Wesen, die zwar nicht gottebenbildlichen Charakter haben, aber „Spuren Gottes" in der Welt darstellen. Also ist auch der Schutz der Tiere dem Menschen anvertraut. Sie müssen geachtet werden, weil sie zum „Grundbestand der Schöpfung in seinem ganzen

Bedrohte Tierwelt

in der Bundesrepublik Deutschland

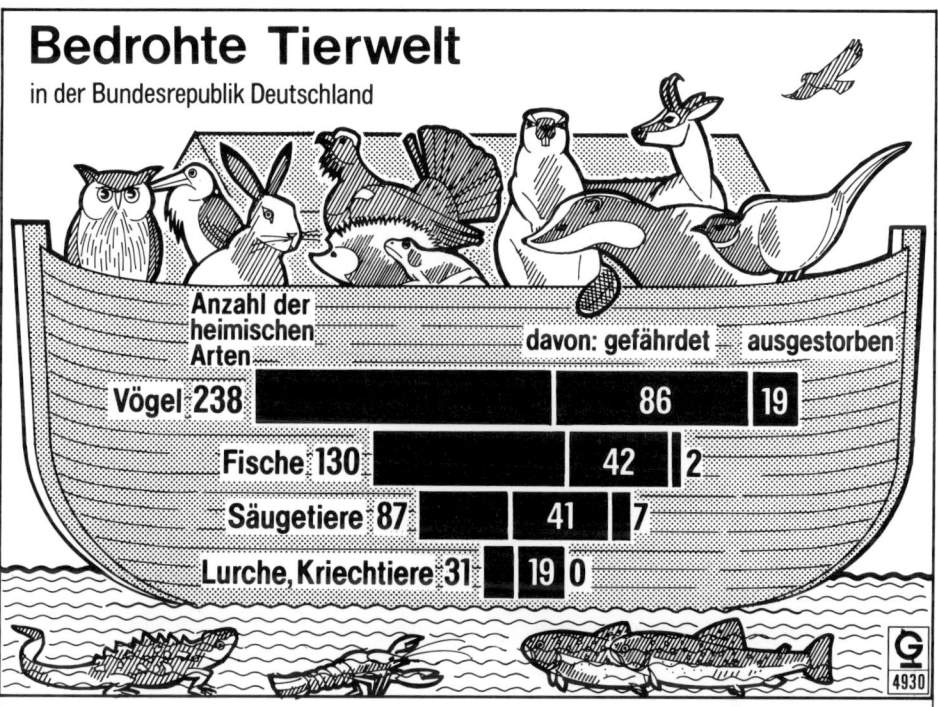

Anzahl der heimischen Arten		davon: gefährdet	ausgestorben
Vögel 238		86	19
Fische 130		42	2
Säugetiere 87	41		7
Lurche, Kriechtiere 31	19		0

Rund die Hälfte aller mitteleuropäischen Tierarten ist im Bestand gefährdet oder vom Aussterben bedroht, 19 Vogel-, sieben Säugetier- und zwei Fischarten, die einst im Gebiet der Bundesrepublik heimisch waren, sind bereits ausgestorben. Dies ist ein bedrohliches Signal für die zunehmende Gefährdung der gemeinsamen Lebensgrundlagen von Mensch und Tier. Die Hauptursache des Artensterbens war — wenigstens bislang — nicht etwa die zunehmende Umweltvergiftung, sondern die Beseitigung von Lebensräumen oder Umwandlung von Heide in Ackerland.

Beispiele für Tierarten, die vom Aussterben bedroht sind:		
Säugetiere	Vögel	Fische
Alpensteinbock	Seeadler	Flußneunauge
Biber	Steinadler	Lachs
Baumschläfer	Wanderfalke	Meerforelle
Otter	Kornweihe	Maifisch
Luchs	Wiesenweihe	Huchen
Nordische Wühlmaus	Uhu	Zobel
Schweinswal	Sumpfohreule	u. a.
Birkenmaus	Sperlingskauz	
sowie	Weißstorch	
4 Fledermausarten	Kranich	
	Moorente	
	Kormoran	
	Rohrdommel	
	Goldregenpfeifer	
	Birkhuhn	
	Auerhuhn	
	Wiedekopf	
	u. a.	

aus: Fischer-Öko-Almanach 82/83

Reichtum" gehören. Der wunderbare Artenreichtum der Fauna soll leben können, nicht nur um der Nützlichkeit für den Menschen willen, sondern einfach „um zu leben und dazusein" (ZS III,2). Wirtschaftliches Nutzungsdenken nimmt die Fähigkeit, am biologischen Artenreichtum Freude zu empfinden. Der Bedrohung und dem Aussterben vieler Tierarten darf niemand gleichgültig gegenüberstehen. Tiere sind keine austauschbare Ware, sondern unverzichtbare Voraussetzungen der Fülle und Schönheit des Schöpfungsganzen.

Die Fähigkeit zu fühlen gehört wesentlich zur Konstitution des Tieres. Thomas von Aquin schreibt ihm sogar niedere Grade von Erkenntnis zu. Wenn es angesichts von Bedrohung die Flucht ergreift, dann deswegen, weil es Angstgefühle hat. Das Ausdrucksverhalten der Tiere spricht von Empfindungen, Bedürfnissen, von Wohlbefinden und Schmerz. Daher ist es „unverantwortlich, Tiere, die fühlende Wesen sind, ohne ernste Gründe, etwa bloß zum Vergnügen oder zur Herstellung von Luxusprodukten, zu quälen und zu töten" (ZS III,2).

Verantwortlicher Umgang mit Tieren

In unserer Gesellschaft läßt sich eine widersprüchliche Einstellung zum Tier beobachten. Auf der einen Seite herrscht ein recht rücksichtsloser Umgang mit den Tieren, auf der anderen Seite steigt das Bewußtsein, daß Tiere leiden können — ja da und dort macht sich eine unangebrachte Sentimentalität breit. Die Menschen sind berechtigt, Tiere in ihren Dienst zu stellen — Indienstnahme braucht noch lange nicht Quälen oder gar Ausrottung zu bedeuten. Besonders bei der städtischen Bevölkerung war lange die Meinung verbreitet, das Heranziehen von Tieren (Kühen, Ochsen, Pferden) zu landwirtschaftlichen Arbeiten, also ihre Benutzung als Zugtiere, sei Tierquälerei. Diese irrige Meinung ging oft von einer „schwärmerischen" und sentimentalen Sicht aus, als ob die Tiere nur zum Pflegen und Kosen da wären. Daß es immer wieder zu Tierquälerei kam, ist nicht zu bestreiten.

Andererseits gibt es nicht wenig Beispiele von „Tierliebe", die sich am Ende nicht als solche bewahrheitet. Bekannt ist, daß in manchem (vor allem städtischen) Haushalt die so umschwärmten und gehätschelten Haustiere (zumal Hunde und Katzen) gar nicht so gut wegkommen, sondern gequält werden, weil ihnen zu wenig ihrer Natur gemäße Bewegungs- und Spielfreiheit gewährt, im wahrsten Sinne des Wortes eingeräumt wird. Es gibt eine Form von Tierquälerei, die einer vernarrten, eben unsachgemäßen, unverantwortlichen Beziehung zu den Tieren entstammt. Widersprüchliches Verhalten ist hier weit verbreitet. Eine Ungereimtheit auch dies: Da hält jemand viel auf sein ökologisches Bewußtsein, gerät jedoch in heftige Erregung, wenn er dafür sorgen soll, daß Fußgängerzonen, Gehwege und Kinderspielplätze von Hundeexkrementen freibleiben. Wer es wagt, einen betroffenen Hundebesitzer zu mahnen, muß damit rechnen, daß ihm jede „Tierliebe" abgesprochen wird. Paradoxerweise führen Tierschutz und Tierliebe (in falsch verstandener Form) gerade zu ökologischen Unverträglichkeiten, nämlich zu Umweltverschmutzung und Tierquälerei.

Zur Diskussion um Tierversuche

Unter den heutzutage gegebenen wissenschaftlichen und gesellschaftlichen Bedingungen besteht keine Möglichkeit, auf Tierversuche ganz zu verzichten. Vor allem die Herstellung von Medikamenten zur Heilung menschlicher Erkrankungen erfordert eine Reihe von mehr oder weniger schmerzhaften Experimenten an Tieren. Es ist jedoch oberstes Gebot des Tierschutzes, solche Versuche auf ein Mindestmaß zu reduzieren. Tiere sind nicht einfach nur zur Befriedigung wirtschaftlicher Bedürfnisse da. Allerdings stehen grundsätzlich menschliche Interessen über denen der Tiere. Es ist dem Menschen erlaubt, sich durch medizinische Experimente um den Preis des Leidens von Tieren von eigenem Leiden loszukaufen (R. Spaemann)[20]. Doch noch lange nicht jedes menschliche Interesse rechtfertigt jedes Leiden von Tieren.

Zur Orientierung bei der delikaten Kontroverse um Tierversuche mögen folgende Leitlinien verhelfen:

1. Zulässig sind Versuche, die für Leben und Gesundheit der Menschen unumgänglich sind.

2. Aus dieser medizinischen Zwecksetzung ergibt sich, daß Tierexperimente keinesfalls nach Belieben vorgenommen werden dürfen.

3. Es ist strikt geboten, die Zahl der Versuche auf möglichst niederem Niveau zu halten.

4. Auch die medizinische Notwendigkeit eines Experiments muß von Experten eindeutig nachgewiesen werden.

5. Innerhalb eines als notwendig erachteten Versuchs muß das Maß der Schmerzzufügung so gering wie möglich bleiben.

6. Den Forschern ist aufgetragen, Methoden zu entwickeln, die Tierversuche in Zukunft immer mehr überflüssig machen.

7. Betroffene Forschungsinstitute müssen so disponieren und kooperieren, daß ein und derselbe Versuch nicht anderswo wiederholt zu werden braucht.

Was kann der einzelne dazu beitragen, daß Tierversuche zurückgehen? Vier Beispiele:

1. Verzicht auf den Erwerb und Gebrauch eines kosmetischen Luxusprodukts, das nur aufgrund qualvoller Tierversuche hergestellt werden kann.

2. Verzicht auf Bekleidungsstücke (z.B. bestimmte Pelze), die nur deswegen auf dem Markt sind, weil zu ihrer Herstellung viele Tiere in oft grausamer Weise getötet werden.

3. Persönliche Sorge um gesunde Lebensführung, um nicht mit-schuldig zu werden, wenn massenweise Tiere leiden müssen, weil durch leichtsinnigen Umgang mit dem Gut Gesundheit Krankheiten entstehen, zu deren Heilung, Linderung oder Verhütung eben medizinische Tierexperimente erforderlich sind.

4. Kampf gegen extreme Wehleidigkeit, damit nicht wegen jeder kleinen Unpäßlichkeit Pharmazeutika konsumiert werden, deren Produktion ohne Tierversuche unmöglich ist.

„Naturrechte" auf gesunde Luft, gutes Wasser und schöne Landschaft

Wirkt die Rede von „Naturrecht auf gute Luft" nicht lächerlich? In der herkömmlichen Nationalökonomie gelten Luft und Wasser als nicht-knappe Güter, mit denen deswegen auch niemand zu haushalten und sparsam umzugehen brauche. Diese ökonomische Doktrin vom Null-Tarif der Naturgüter hat aber „abgewirtschaftet" — im wahrsten Sinne des Wortes. Die Realisierung des Rechts auf gute, atembare Luft ist keine Selbstverständlichkeit mehr; zudem muß sie da und dort recht teuer erkauft werden, wie die Vermarktung der „Luft"-Kurorte erkennen läßt. Luft als teures Gut! Wenn das Recht auf den Gebrauch der natürlichen Lebensmittel Luft und Wasser nicht zum Vollzug gelangt, hängt das fundamentale Menschenrecht auf Leben buchstäblich in der Luft. Das grundgesetzlich verbriefte Recht auf Leben und seine Entfaltung wird hohl und zu einer ironischen Phrase, wenn das Recht auf lebensdienliche Naturqualität nicht garantiert ist. Welches Grundrecht ist denn „natürlicher" als das Naturrecht des Menschen auf heile Natur? Menschen haben ein Recht auf „unverbrauchte Luft und gutes Wasser" (vgl. ZS III,2).

Erstes Gebot der Umweltschutzpolitik ist die langfristige Sicherung der Lebensgrundlagen der Bevölkerung. Die für die Gewährleistung des Gemeinwohls verantwortliche politische Autorität hat dafür zu sorgen, daß das Menschenrecht auf Natur gewährleistet ist. Politische Maßnahmen müssen sich am Grundrecht aller auf Natur orientieren. Ein Element ökologischer Wirtschaftspolitik ist die gewissenhafte Beachtung des Eigentums im Sinne seiner Sozialpflichtigkeit. Das Bundesverwaltungsgericht hat festgestellt, daß das Grundwasser mit dem Eigentum am Boden nicht zusammenfällt und deswegen die Nutzung im Falle einer Gefährdung unterbleiben muß. Aus dem Verursacherprinzip folgt des weiteren als Gebot der Gerechtigkeit, jene Personen zu belasten, die Natur kostenlos zu wirtschaftlichen Zwecken benut-

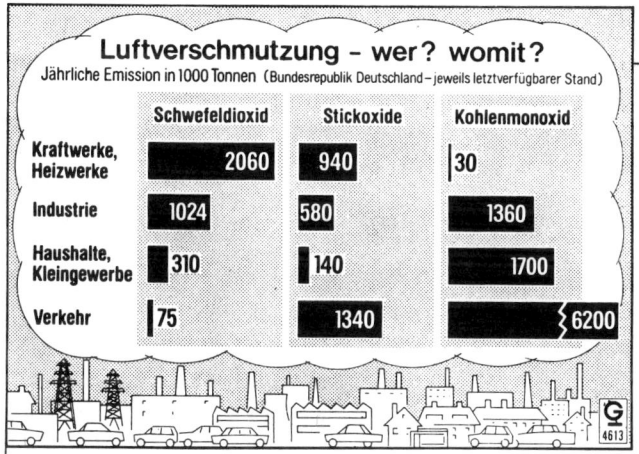

Luftverschmutzung – wer? womit?

Jährliche Emission in 1000 Tonnen (Bundesrepublik Deutschland – jeweils letztverfügbarer Stand)

	Schwefeldioxid	Stickoxide	Kohlenmonoxid
Kraftwerke, Heizwerke	2060	940	30
Industrie	1024	580	1360
Haushalte, Kleingewerbe	310	140	1700
Verkehr	75	1340	6200

Außer den genannten Stoffen gelangen noch eine Menge anderer in die Luft, z. B.
Staub in verschiedensten Zusammensetzungen. Hier hat allerdings die Emission bereits entscheidend abgenommen von gut 2 Mill. t im Jahr 1965 auf ca. 450000 t.

Blei: Durch den Verkehr werden allein jährlich über 3500 t ausgestoßen — mit steigender Ten-
denz (1974 — vor der Einführung der Grenze von 0,15 mg/l waren es 8284 t). Der Gehalt im Boden beträgt normal 0,1—20 mg/kg Trockensubstanz, an Straßen kann er bis 2000 mg/kg stei-
gen. Anthropologen haben festgestellt, daß unser Körper 10—20 soviel Blei enthält als der unserer Großeltern.

Chlorierte Kohlenwasserstoffe: aus Lacken und Farben werden jährlich 350000 t Lösungsmit-
tel frei.

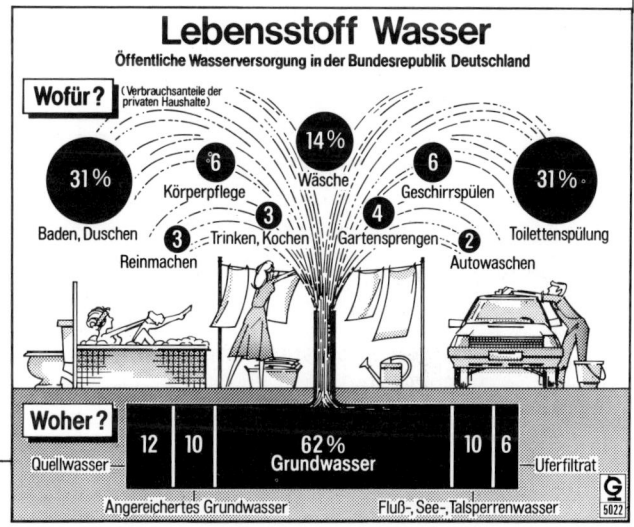

Lebensstoff Wasser

Öffentliche Wasserversorgung in der Bundesrepublik Deutschland

Wofür? (Verbrauchsanteile der privaten Haushalte)

- 31% Baden, Duschen
- 6 Körperpflege
- 14% Wäsche
- 6 Geschirrspülen
- 31% Toilettenspülung
- 3 Trinken, Kochen
- 4 Gartensprengen
- 2 Autowaschen
- 3 Reinmachen

Woher?

Quellwasser		Grundwasser		Uferfiltrat
12	10	62%	10	6
	Angereichertes Grundwasser		Fluß-, See-, Talsperrenwasser	

zen; zudem können finanzielle oder sonstige Auflagen ein Motiv sein, das Ausmaß der Umweltschädigung zurückzuschrauben. Sofern die Natur ein Gemeinwohl ersten Ranges darstellt, fällt ihr Schutz in die Kompetenz der politisch Verantwortlichen. Sie müssen Bedingungen dafür schaffen, daß möglichst viele Menschen die Chance wahrnehmen können, von der Natur zu „profitieren", in einer gesunden Umwelt zu leben. Nachdruck verdient das im Bundesnaturschutzgesetz formulierte Gebot, den Zugang zu den Uferzonen der Gewässer freizuhalten. Geht es an, daß Dauercamper über Jahre hin attraktive Landschaft für sich allein beanspruchen? Ist es recht, wenn einzelne ihre Mitmenschen daran hindern, Naturschönheiten zu erleben und reizvolle Landschaft zu genießen? Derartigen „Öko-Egoismus" gilt es gesetzlich zu verhindern. Im Interesse des Gemeinwohls muß das schließlich allen zukommende Recht auf Natur rechtskräftig gemacht worden.

Tapferkeit

Mutige „In-Angriffnahme" der ökologischen Aufgabe

Soll die Umweltkrise nicht zur Umweltkatastrophe führen, hat sich die Menschheit der ökologischen Herausforderung zu stellen — ohne Wenn und Aber. Um die notwendigen Umstellungen vornehmen zu können, bedarf es eben jenes Kräftepotentials, das in der dritten Kardinaltugend angelegt ist, die gewöhnlich „Tapferkeit" (bzw. Starkmut) genannt wird. Sie bildet die „goldene Mitte" zwischen zwei unheilvollen Extremen: dem Übel der tollkühnen Verwegenheit einerseits und dem Übel der tatenlosen Feigheit andererseits. Beide Extremhaltungen widersprechen menschlichen Daseinsbedingungen. Tollkühnheit bagatellisiert, ignoriert Gefahren und „stürzt" fast blindlings zur Tat. Solche Überheblichkeit zeugt von waghalsigem Übermut und leichtsinniger Einschätzung der Risiken. Feigheit hingegen verdammt zur Tatenlosigkeit, zu übertriebener Furcht vor Problemen. Während der Verwegene zu viel wagt, sich waghalsig verhält, geht der Feige nur geringes oder gar kein Wagnis ein, weil er unüberwindbare Schwierigkeiten vermutet. Beide Extreme gefährden menschliches Leben, machen untauglich zur Bewältigung humanen Daseins.

Die Kardinaltugend der Tapferkeit „ertüchtigt" zu jenem mittleren Kurs, den Menschen steuern müssen, wenn sie bestehen und weder in Übermut noch in Mutlosigkeit verfallen wollen. Es geht um die ethische Kraft, die befähigt, mit Widerständen fertig zu werden, Gefahren zu bestehen, Herausforderungen anzunehmen.

Tapferkeit verhängt Fluchtverbot

Starkmut brauchen wir, um uns der ökologischen Herausforderung zu stellen und nicht vor der Verantwortung die Flucht zu ergreifen. Tapferkeit macht frei und offen; sie schützt davor, Probleme zu vertuschen, Krisen zu verschweigen, Schwierigkeiten herunterzuspielen, Gefahren zu verniedlichen, Bedrohungen zu verharmlosen. So muß gegenüber dem Versuch, das Waldsterben historisierend zu bagatellisieren, deutlich gemacht werden, daß es in der Forstgeschichte eine gleiche kritische Entwicklung noch nicht gab. Ähnliche früher bekannte Waldschäden waren nämlich regional begrenzt. Ökologische Wende verlangt in erster Linie den Mut, vor der Tatsache „Bedrohung der Umwelt" nicht die Augen zu verschließen.

Tapferkeit macht kreativ und mobil

Tapferkeit deckt schonungslos auf, was die „ökologische Stunde" geschlagen hat. Dringliche Forderungen werden beim Namen genannt, Mißstände offengelegt, umweltschädliche Fehlleistungen angeprangert, Therapien schöpferisch konzipiert und entschieden durchgeführt. Wer nicht tapfer ist, nimmt die Aufgabe erst gar nicht „in Angriff" — dem Feigen fehlt nämlich jener „aggressive" (= „angreiferische") Schub, den die klassische Tradition immer schon als Element der Tugend der Tapferkeit betrachtete. Das vom lateinischen „aggredi" abgeleitete Eigenschaftswort „aggressiv" bedeutet ja, genaugenommen, kein feindseliges, zerstörerisches Verhalten, sondern „Herangehen" an die anstehenden Probleme, mutiges Anpacken der Aufgaben. Der von der Tapferkeit derart „aggressiv" befähigte Mensch wird „pro-gressiv", d.h. er geht an etwas heran,

wagt sich nach vorne, schreckt nicht ängstlich zurück. Es steht fest, daß in unserem bisher gewohnten und ver-wöhnten Lebensstil eine Wende fällig ist. Den Kurs müssen wir unverzüglich korrigieren, sonst droht dem Raumschiff Erde Unheil.

Tapferkeit ist Zivilcourage

„Rate den Mitbürgern nicht das Angenehmste, sondern das Beste" (Solon von Athen). Unsere von ökologischer Not bedrängte Gesellschaft braucht Mutige, die auch das Unbequeme sagen und verlangen. Das geht zunächst einmal die Wissenschaftler an, die über das einschlägige Wissen verfügen. Es gilt aber auch für den Politiker, dem die Sorge und Vorsorge für das Gemeinwohl obliegt. Für ihn ist es bereits ein Problem, Umweltschutz-Ideen in die politische und administrative Praxis umzusetzen. Der Zivilcourage bedürfen Politiker, um stark und konsequent genug zu sein, unpopuläre Maßnahmen durchzusetzen. Aufgrund falscher Rücksichten auf Wählerstimmen neigt der oder jener

Politiker dazu, die — bisweilen „traurige" — ökologische Wahrheit zu verschweigen. In einer am karnevalesken Motto: „Allen wohl und niemand wehe" orientierten Gefälligkeitsdemokratie hat Umweltschutz keine Chance. Das richtig Erkannte muß gegen die „jeweilige intellektuelle Mode oder gegen die verschiedenen Egoismen der diversen gesellschaftlichen Gruppen" behauptet und durchgesetzt werden (vgl. Dick[21]). Weil es politisch Verantwortlichen schwerfallen mag, Forderungen zu stellen, die zwar notwendig sind, aber die Wiederwahl gefährden könnten, muß an der Basis des Gemeinwesens Umweltbewußtsein gebildet werden. Nur auf diesem Weg, von der Basis her, ist eine Wende zu erwarten.

Tapferkeit disponiert zur Courage, im zivilen Bereich auch mal allein zu stehen, einsam zu kämpfen, gegen den Strom der eingefahrenen Bedürfnisbefriedigung und einer wohligen Zivilisation der Annehmlichkeiten zu schwimmen.

Wenn es darum geht, jenen das Rückgrat zu stärken, die durch korrigierten Lebensstil ei-

nen Beitrag zum Schutz der Schöpfung leisten wollen, sind zumal die Christen in Pflicht genommen, Mut zu machen. Schließlich hat uns Gott „nicht einen Geist der Verzagtheit gegeben, sondern den Geist der Kraft" (2 Tim 1,7).

Geduld ist Standhaftigkeit für die ökologische Zukunft

„Geduld" ist eine Tochtertugend der Tapferkeit. Diesen Zusammenhang mögen heutzutage manche nicht begreifen; denn sie betrachten Geduld eher als Zeichen von Schwäche und Kraftlosigkeit. Dieses Mißverständnis ist gefährlich. Gerade im ökologischen Bereich wird immer wieder davor gewarnt, Geduld zu haben. Wie könne man noch Geduld haben, da es doch schon 5 (Minuten) vor 12 (Uhr) sei. Man müsse sogleich zupacken, ohne Zeit zu verlieren.

Geduld meint nichts anderes als die Fähigkeit und Bereitschaft, den Druck von Widerwärtigkeiten auszuhalten. Angesichts der ökologischen Probleme könnte die Menschheit doch bisweilen trübselig werden, Geduld und Nerven verlieren. Wie soll jemand auf längere Sicht, aber ohne eindeutige Aussicht auf Erfolg einen Lebensstil des Verzichts durchhalten, wenn ihm die Geduld fehlt? Sie befähigt, auf „Durststrecken" des Lebens auszuhalten. Wer z.B. Tempo 100 fährt, verzichtet möglicherweise auf das ihm früher eigentlich sympathischere Tempo 140. Und er weiß nicht einmal genau, ob seine disziplinierte „Kurskorrektur" tatsächlich dem Wald zugutekommt. Schon die Ungewißheit (des Erfolgs) hat etwas Widriges an sich.

Geduld ist zweifellos eine ökologisch äußerst positive, umweltethisch unverzichtbare Haltung. Wer diese Geduld besitzt, sieht z.B. dem Waldsterben nicht fassungs- und tatenlos zu, sondern nimmt, ohne viele Worte zu machen, unbequeme Konsequenzen auf sich. Geduld bedeutet nicht „lammfromme" Schwäche, sondern, wie die christliche Ethik, die ostasiatischen Religionen und die sowjetische Diplomatie wissen, Stärke. Wer keine Geduld hat, besitzt keine moralische Kondition zum Umweltschutz, der ja ohne Opfer nicht zu haben ist.

Hoffnung gibt Vertrauen auf Chancen der Zukunft

Mit Tapferkeit hat Hoffnung deswegen zu tun, weil diese Mut und Kraft gibt, eine Aufgabe überhaupt erst „in Angriff zu nehmen". Ohne solche Energie kann kein Mensch den Lebenskampf bestehen. Wer hofft, vertraut darauf, daß es Zukunft gibt und daß diese Zukunft, das auf uns Zu-Kommende, gute Chancen bereithält. Geben wir die Hoffnung auf, dann geben wir uns selbst, unsere Mitmenschen und die Umwelt auf. Während Hoffnung auf ein gutes Ende setzt, blockiert Verzweiflung jedes Vertrauen auf einen guten Ausgang.

Heutzutage werden wir mit dem üblen Slogan „Null-Bock" konfrontiert. Er kennzeichnet eine Mentalität, welcher der Sinn nach Null, d.h. nach gar nichts steht. Wer sich zu diesem in manchen Kreisen auch noch als schick geltenden Defaitismus bekennt, hat den Lebenskampf aufgegeben. Wer die nihilistische Parole „No future" (keine Zukunft) propagiert, hat freilich keinen Grund mehr, weiterzumachen. Was sollten Hearings, Demonstrationen und Bürgerinitiativen, wenn „no future"? Jenen, die mit der Unlust am Leben, mit der Lust am Frust kokettieren, müssen wir alle, die noch Hoffnung haben, Mut zusprechen und Hoffnung vorleben.

Allerdings dürfen wir auch nicht ins andere

Extrem fallen und meinen, daß wir den Erfolg schon in der Hand hätten. Das wäre vermessen. Vermessenheit macht zu sicher, sowohl über den Weg als auch über das Ziel. Der vermessene Mensch verhält sich so, als ob er schon am Ziel angekommen wäre, obwohl er doch noch unterwegs ist. Während der Hoffnungslose den Willen zu menschlicher Daseinsgestaltung aufgibt, verfällt der Vermessene einer übertriebenen, übermütigen Gestaltungsmanie. Wer meint, die Zukunft im Griff zu haben, braucht nicht mehr zu hoffen. Vermessenheit könnte etwa zu folgenden Gedankengängen führen: Mit Hilfe unserer wissenschaftlichen Forschung und Technologie wird es der Menschheit ganz bestimmt, mit absoluter Sicherheit, gelingen, die Umwelt vor Zerstörung zu bewahren.

Wer hofft, hütet sich vor solcher Selbstsicherheit, stützt seine Hoffnung aber auf positive Anhaltspunkte, z.B. auf folgende zuversichtlich stimmende Perspektiven:

— Die Schadstoffbelastung der Luft ist im Zeitraum von 1966—1982 von 20,9 Millionen auf 16,6 Millionen Tonnen zurückgegangen.
— Im Bodensee kann wieder gebadet werden, weil biologische Kläranlagen große Reinigungserfolge erzielten.
— In manchen Flüssen tummeln sich wieder Fische.
— Das Recycling-Verfahren erlaubt es, bisher für den Müll bestimmte Produkte wieder der Verwendung im Alltag zuzuführen.

— Das Umweltbewußtsein in der Bevölkerung steigt.
— Der „Katalysator" wird das Waldsterben mindern.
— Lärmdämpfungstechnologien verheißen Verringerung der akustischen Umweltbelastung.
— Agrarpolitische Konzepte widmen der Erhaltung sowohl der Pflanzen- und Tierwelt als auch dem Bodenschutz erhöhte Aufmerksamkeit.
— Steuervergünstigungen sollen den Kauf umweltfreundlicher Autos schmackhaft machen.
— Die Zusammenfassung umweltpolitischer Kompetenzen in einem neu geschaffenen Bundesumweltministerium soll den Umweltschutz effektiver machen.
— In Frankreich gibt es schon die erste „Versicherung gegen sauren Regen", welche jene Industrien unterstützt, die Verfahren zur Reinhaltung der Luft entwickeln und verbreiten.
— Es werden stets weitere Natur- und Landschaftsschutzgebiete ausgewiesen.
— Abholzungen von Wald werden durch Aufforstungen ausgeglichen.
— Umweltfreundlichere Wasch- und Putzmittel können helfen, daß Flüsse und Seen wieder sauberer werden.
— Durch Bakterien werden die Ölteppiche auf den Meeren buchstäblich aufgefressen.
— Neuartige Mikroorganismen sollen unsere Müllhalden reduzieren.
— Es wird Pflanzen geben, die gegen Krankheiten „resistent" sind.
— Neue Getreidearten können selbst Stickstoff binden, so daß Düngung mit diesem ökologisch problematischen Mittel in Zukunft wegfallen kann.
— In Aussicht stehen Schädlingsbekämp-

fungsmittel, die auf biologischer Basis wirken, so daß konventionelle, mit Gift angereicherte Pflanzenschutzmittel der Vergangenheit angehören.

Diese Aufzählung könnte leicht erweitert werden. Alle genannten Punkte haben in der Tat reale Hintergründe. Wer nun aber die Aussichten nur an diesen positiven Indikatoren mißt und vor allem die „futurologischen", gentechnologischen Innovationen in den Vordergrund rückt, kommt zu einer Lageeinschätzung, die nicht nur zuversichtlich ist, sondern schon Gefahren der Vermessenheit signalisiert. Es gibt Wissenschaftler, die gerade den gentechnologischen Zukunftsaussichten gegenüber reserviert sind; es ist nämlich noch nicht ausgemacht, ob oben genannte Bakterien sich nur heilsam auswirken oder bedrohliche Nebenwirkungen zeitigen werden, die man schwer in den Griff bekäme. Zwischen den Extremen der Vermessenheit und der Hoffnungslosigkeit steht die Hoffnung, das Vertrauen auf ein gutes Ende. Sie ist keine Illusion, sondern begründete Annahme, es gebe reale Chancen, das schwierige Problem des Umweltschutzes zu bewältigen. Wer hofft, kann gute Gründe dafür angeben, daß es sich lohnt, ans Werk zu gehen. Auf dem skizzierten „Katalog" stehen solche „Mutmacher". Aber die positiven Fakten müssen noch erheblich vermehrt werden, allein schon deswegen, weil ihnen „pessimistische" Gegebenheiten entgegenstehen. Um nur einige zu nennen: Der allgemeinen Verringerung der Schadstoffbelastung der Luft steht die Erkenntnis entgegen, daß der Autoverkehr bis in die 90er Jahre dem Wald zunehmend zu schaffen machen wird; der Landschaftsverbrauch steigt weiter an; die Trinkwasserversorgung bereitet Sorgen; für den Bodenschutz muß noch viel getan werden.

Zucht und Maß

„Askese" geht auf das griechische Wort *askesis* zurück, das wiederum auf das Tätigkeitswort *askeo* verweist. Es bedeutet ursprünglich künstlerische Bearbeitung eines Gegenstandes, leibliche Ertüchtigung und geistige Schulung. Sofern der „Asket" Einfluß auf einen materiellen Gegenstand oder auf sich selbst nimmt, übt er eine „erzieherische" Funktion aus. Askese meint von Anfang an eine besondere Art von Herrschaft über Dinge. In der ethisch ausgerichteten Philosophie der Stoa war es insbesondere Epiktet (50—138), bei dem Askese „Einübung" in Tugend, Beherrschung der menschlichen Triebe, Enthaltung und Verzicht besagt. Auf dieser Bedeutungsstufe deckt sich „Askese" mit der „Zucht", die zusammen mit „Maß" die vierte Kardinaltugend ist. Der „Asket" nimmt Anstrengungen und Mühen auf sich, um die Tugenden der Bescheidenheit und Selbstbeherrschung zu erwerben. Askese ist zähe Arbeit an der Selbstvervollkommnung, hartes „Training", um den Sieg über die Leidenschaften zu erringen.
Askese hat einen „kämpferischen" Akzent; sie erinnert an das fleißige und mühevolle Trainieren eines Sportlers, der bei einem Wettkampf auf Sieg setzt. Askese verlangt mehr oder weniger einschneidende Verzichte. Der beim sportlichen Wettbewerb angezielte Sieg ist das Gut, um dessetwillen der „Asket" die schwere Trainingsarbeit auf sich nimmt. Er verzichtet freiwillig darauf, sich diesem oder jenem angenehmen Genuß von alltäglichen Lebensfreuden hinzugeben, weil er weiß, daß ihn dies vom Ziel abbringt.
Askese ist ein Akt der Disziplinierung, in dem ein Mensch die Beschränkung gewisser Freiheiten auf sich nimmt, um für die Gewinnung eines übergeordneten Wertes frei zu sein.

Solche „Freiwerdung zum Eigentlichen" ist ihrem Wesen nach „Freiwerdung zum Verzicht" (J. Ratzinger). „Wählen heißt verzichten" (André Gide: 1869—1951). Insofern ist Askese ein menschlicher Grundakt, denn jede Entscheidung, die ein Mensch trifft, verlangt zugleich Verzicht auf die Realisierung einer anderen Möglichkeit.

Askese als öko-ethische Grundeinstellung

Im klassischen Griechisch liegt allen Bedeutungen des Wortes askesis die Idee der „Beherrschung" zugrunde. Die Bedeutungsskala reicht von „Bearbeitung" bis zu „Entsagung". Ob ein Mensch materielle Gegenstände künstlerisch gestaltet, in „Kultur" den Geist schult, sinnliche Leidenschaften zügelt, ob er auf den Gebrauch bzw. Verbrauch bestimmter Dinge verzichtet — immer geht es um den Vollzug menschlicher Herrschaft. So sollte der „Kulturauftrag" des Alten Testaments in „asketischer" Perspektive verstanden und realisiert werden. Wie bereits dargelegt, gelingt die verantwortliche Wahrnehmung des biblischen Gebots, sich die Erde untertan zu machen, nur dann, wenn das „Bebauen" der Erde sich an Grenzen hält. Bebauung der Erde ist asketische Kultur! Herrschaft über die Erde führt zu deren Bedrohung und Veruntreuung, wenn sich die Menschen dem disziplinierenden Regulativ der „Askese" entziehen. Die heutige Umweltkrise ist entstanden, weil asketische Gesinnung und „angemessene" Praxis verlorengegangen sind. Mangels asketischer Verantwortung weist die Umwelt Belastungen auf, die wir nur dann abbauen können, wenn wir unsere Gebrauchs- und Verbrauchsgewohnheiten „asketisch" verändern. Für die ökologische Thematik bedeutet die Kardinaltugend des „Maßes": Eingriff in die Natur: ja —

aber in einem Stil, der sich der Grenzen ihrer Belastbarkeit bewußt ist.

Konsum-Askese

Konsum-Askese ist weder Verzicht um des Verzichtes willen noch Opfer um des Opfers willen, sondern ein zurückhaltender Umgang mit der Natur und ihren Ressourcen, damit das ökologische System Überlebenschancen hat. Beschränkung des Konsums ist schon deswegen geboten, weil die Natur und ihre „Ressourcen" nicht unerschöpflich „sprudelnde" Quellen sind und weil wirtschaftliches Wachstum Grenzen hat. Die Entscheidung für die Sicherheit der Zukunft verlangt die Entscheidung, freiwillig auf volles Ausschöpfen aller Konsummöglichkeiten zu verzichten. Wir müssen die „Ansprüche des einzelnen ja gerade zugunsten des Schutzes des Allgemeingutes Umwelt zurückdrängen" (L. Späth). Das Überleben der Menschheit hängt von der Verzichtbereitschaft des einzelnen ab. Konsum-Askese ist so etwas wie „Überlebenstraining". Es gilt, unseren „Ansprüchen und Lebensgewohnheiten" Zügel anzulegen. „Der verwöhnte Mensch von heute muß lernen, anders zu leben, als er es vielleicht für sich selbst leisten könnte" (ZS III,2). Es kommt darauf an, daß wir uns Dinge, die wir uns technisch und finanziell leisten können, gerade nicht immer leisten. Konkret: Steht der Kauf eines neuen Autos an, dann mag der „Familienrat" den Beschluß fassen, nicht unbedingt jenen Typ anzuschaffen, den man sich finanziell leisten kann und den man gerne anderen als „Prestige"-Objekt vorführen möchte, sondern eben ein Modell, dessen Erwerb und Gebrauch bescheideneren Aufwand mit sich bringt. Anderes Beispiel: Nicht aus dem vollen schöpfen heißt, mit Wärmeenergie sparsam umgehen.

Ein Übermaß an Energieaufwand ist sündhafte Verschwendung, nicht nur zu Zeiten einer Ölkrise, die unter dem Druck der Verhältnisse gleichsam durch „höhere Gewalt" zum Sparen zwingt. Sparsam verhält sich jener Mensch, der „aus dem Vollen schöpfen" könnte, es aber nicht tut.

Recht spät erst wird auch von christlichen Ethikern die Tatsache ins Gedächtnis gerufen, daß Vergeudung und Verschwendung Fehlhaltungen sind. Bemerkenswert ist das von Thomas von Aquin herangezogene Argument für die Verurteilung der Verschwendung: Der Verschwender sündigt gegen sich selbst, wenn er seine Güter aufbraucht, von denen er in Zukunft leben müßte. Er sündigt aber auch gegen die Mitmenschen, weil er Habe verbraucht, womit er anderen helfen könnte und sollte. Positiv gewendet: Die Tugend des Maßes verpflichtet zu einem Lebensstil der Einfachheit und Bescheidenheit. Das bedeutet keineswegs den Rückfall in primitive Lebensverhältnisse, sondern Besinnung auf die heilsame Mitte zwischen Zuviel und Zuwenig.

In die Richtung von mehr Genügsamkeit weisen auch bischöfliche Verlautbarungen: „Anders leben, damit andere überleben" (Motto zur Misereor-Aktion 1977). „Wir dürfen nicht weiter die Rolle der Reichen und Besitzenden spielen, als Minderheit der großen Masse der Armen gegenüberstehen und ihr gerade noch die Brosamen einer unsinnigen und ungerechten Verschwendung übriglassen"[22]. Jährlich sterben allein in Indien viele Tausende von Kindern, die man von jenem Geld ernähren könnte, das in der „fortschrittlichen" zivilisierten Welt Frauen für Nagellack- und Nagellackentferner ausgeben. Über solche Ungereimtheiten sollten sich jedenfalls Christen ihre Gedanken machen, zumal ihnen die biblische Botschaft bekundet:

„Frömmigkeit, verbunden mit Genügsamkeit, ist ein großer Gewinn . . . Haben wir Nahrung und Kleidung, so wollen wir damit zufrieden sein. Denn die reich werden wollen, fallen in Versuchung und in viele unnütze, schädliche Begierden, welche die Menschen in Untergang und Verderben stürzen" (1 Tim 6,6—11).

Überwindung des reinen Bedürfnisdenkens und der Wegwerfmentalität

Der asketisch gesonnene und gebildete Mensch widersteht dem Druck des „Immer-Mehr" und jeder Ideologisierung des wirtschaftlichen Wachstums. Was weithin vergessen ist: Gegen Wachstumsfetischismus haben sich schon in den 50er Jahren Wilhelm Röpke und Ludwig Erhard ausgesprochen: Ob es „richtig und nützlich ist, mehr Güter, mehr materiellen Wohlstand zu erzeugen, oder ob es nicht sinnvoller ist, unter Verzichtleistung auf diesen Fortschritt mehr 'Besinnung' zu gewinnen" (L. Erhard[23]). Um Mißverständnisse auszuschließen: Hier wird nicht für ein Null-Wachstum plädiert; dies garantiert keine Besserung der Umweltqualität. Was wir brauchen, ist ein „qualifiziertes Wachstum": Durch Einsatz umweltfreundlicher Technologie, welche eine Steigerung des Sozialprodukts erlaubt, die mit weniger Ressourcenverbrauch auskommt und nur geringen, absorptionsfähigen Abfall produziert.

Konsum-Askese wehrt sich vor allem gegen die menschliche Neigung, auch solche Bedürfnisse zu befriedigen, die eingebildet sind. Der Konsum-Asket übt ein Verhalten, das die Umwelt so gering wie möglich belastet. Konsum-Askese ist Umweltvorsorge, die gebietet, daß die Menschen „möglichst weitgehend auf Handlungen verzichten, die die

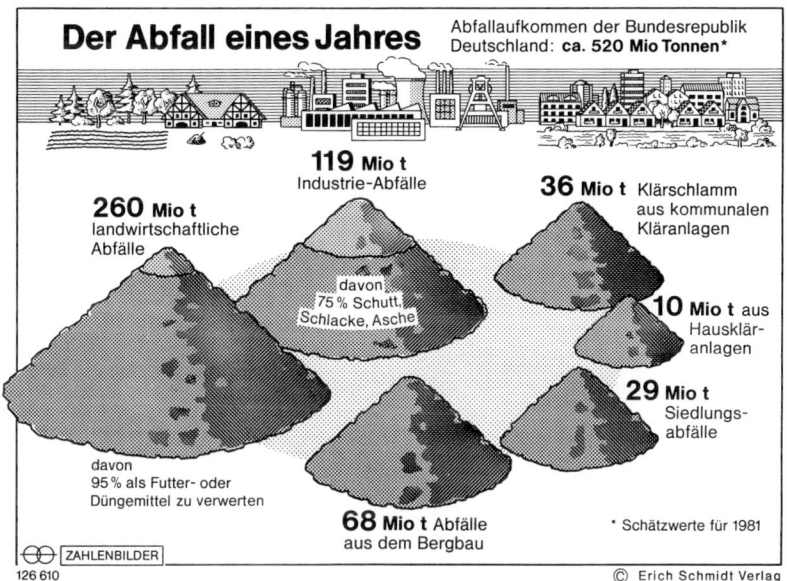

Der Abfall eines Jahres Abfallaufkommen der Bundesrepublik Deutschland: **ca. 520 Mio Tonnen***

119 Mio t Industrie-Abfälle

260 Mio t landwirtschaftliche Abfälle

36 Mio t Klärschlamm aus kommunalen Kläranlagen

davon 75 % Schutt, Schlacke, Asche

10 Mio t aus Hausklär-anlagen

29 Mio t Siedlungs-abfälle

davon 95 % als Futter- oder Düngemittel zu verwerten

68 Mio t Abfälle aus dem Bergbau

* Schätzwerte für 1981

ZAHLENBILDER

126 610

© Erich Schmidt Verlag

Natur und die Welt verändern", daß sie „nur nehmen, was zum Leben unbedingt erforderlich ist", schreibt R. Schulten, Direktor am Institut für Reaktorentwicklung der Kernforschungsanlage Jülich.[24]

Ähnlich sieht es der in politischer Verantwortung Stehende: Wir müssen uns selbst „beschränken" und „begrenzen", um die „Stabilität der natürlichen Kreisläufe zu wahren und damit unser eigenes Überleben zu sichern" (A. Dick, Bayerischer Staatsminister für Umwelt). Wer hohe und überzogene Ansprüche stellt, veranlaßt Produktions- und Konsumprozesse, die massive Eingriffe in die Natur, Wegwerfpraktiken und lästige Müllprobleme nach sich ziehen. Ein sprechendes Beispiel: Zur Herstellung der Wochenendausgabe der New York Times müssen ca. 300 ha Wald gefällt werden. Eine Ausgabe kostet — umgerechnet — DM 1,50. Die Stadt New York muß allein jeweils 30 Pfennig aufwenden, um die weggeworfenen Exemplare zu beseitigen.

Gerade die Ex- und Hopp-Philosophie unserer Zeit, die „Austrinken" (Ex) und „Wegwerfen" (Hopp) propagiert, trägt zur Verunstaltung der Umwelt bei. Die unseligen Wegwerfgewohnheiten, welche oft auf Leichtsinn und Bequemlichkeit beruhen, können nur durch „asketische" Haltung überwunden werden. Wer lediglich auf staatlichen Gesetzesdruck hin reagiert und nur dann sein Verhalten ändert, wenn sein „Portemonnaie" durch Geldstrafen angezapft wird, der handelt aus Furcht vor dem Gesetz bzw. der Strafe, nicht aber aus Überzeugung und freier Entscheidung. Zudem können gesetzliche Regelungen nicht immer ausreichend kontrolliert werden. Ob der Erholung dienende Grünflächen geschont werden, ob unser Wald zu einer Abfalldeponie verkommt, ob Parkanlagen zu wüsten Müllhalden entarten oder nicht, hängt vom persönlichen Umgangsstil mit Umwelt und Natur ab.

111

Die „Technik der Askese" liefert das ethische Instrumentarium, um auf die für Warenabsatz werbende akustische und visuelle Reklame besonnen zu reagieren und sich nicht etwas aufzwingen zu lassen, was überflüssig oder gar umweltschädlich ist. Da die Gefahr besteht, sich unter dem ständigen Beschuß durch suggestive Werbesprüche zum Kauf der angepriesenen Artikel hinreißen zu lassen, muß das Gegengewicht der Askese wirksam werden. Unsere wohlstandsverwöhnte Gesellschaft fördert gerade auch auf dem Hygiene-Sektor problematische Gebräuche. Da hat sich unter der Hand eine Sauberkeitsideologie entwickelt, wonach es zur Menschenwürde gehört, täglich mindestens zweimal ein Bad zu nehmen bzw. alle möglichen Kosmetika zu verwenden. Ein derartiger Reinlichkeitsfimmel hat einen Wasser- und Wärmeenergieaufwand zur Folge, der angesichts der Knappheit dieser Güter nicht gutgeheißen werden kann. Für ihren Ruf „Weltmeister in Sachen Sauberkeit" nehmen viele deutsche Hausfrauen durch übertriebenen Waschmittelverbrauch unnötige Belastungen unserer Gewässer in Kauf. Gewässerschutz fängt schon beim Einkauf an! Zu ermahnen sind die Produzenten, solche Waschmaschinen zu konstruieren, die möglichst wenig Wasch- und Reinigungsmittel benötigen. Der Konsument soll nur solche Mittel kaufen, die er „unbedingt benötigt" (Bundesinnenminister Dr. Zimmermann).

Wer sich asketisch, d.h. grenzenbewußt verhält, findet das in der Diskussion befindliche „Tempolimit" gar nicht so aufregend neu. Wenn die „Begrenzung" des Autotempos (z.B. von 160 km auf 100 km) Ursachen des Waldsterbens zu reduzieren vermag, wird er freiwillig in diese *Tempo-Askese* einwilligen. An diesem Beispiel, das freilich nicht für alle gleichermaßen und rezepthaft zu gelten hat, wird deutlich, daß sämtliche Umweltentlastungsakte Verzicht fordern. Es müssen eben „Opfer gebracht werden, auch zur Lösung kleinster Umweltprobleme" (Mislin).

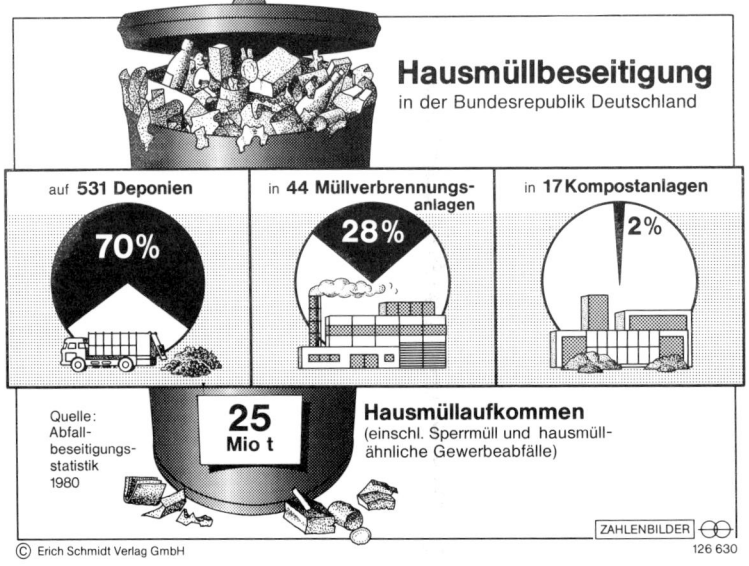

Hausmüllbeseitigung
in der Bundesrepublik Deutschland

auf **531 Deponien**
70%

in **44 Müllverbrennungsanlagen**
28%

in **17 Kompostanlagen**
2%

Quelle:
Abfallbeseitigungsstatistik
1980

25 Mio t

Hausmüllaufkommen
(einschl. Sperrmüll und hausmüllähnliche Gewerbeabfälle)

ZAHLENBILDER

© Erich Schmidt Verlag GmbH

126 630

V. Umweltkrise — Herausforderung der Christen

Das in der christlichen Kirche versammelte Volk Gottes, welches im „Credo" den Glauben an Gott den Schöpfer des Himmels und der Erde bekennt, kann gar nicht anders, als sich für Schutz von Umwelt und Natur zu engagieren. Für die Kirche bedeutet das Schutzherrschaft über die Schöpfung; denn die Erde ist „des Herrn" (Ps 24,1). Sie gehört zu den „Geheimnissen Gottes", deren „treue Verwalter" Christen zu sein haben (vgl. 1 Kor 4,2). Deswegen betrachten sie die Umweltkrise als Herausforderung. Sie ist nicht nur ein Zeichen der Zeit unter anderen (vgl. Vaticanum II), sondern bildet ein „Stigma" unserer Epoche. Die vielfachen ökologischen „Leiden" unseres Planeten sind „Wunden", die unsere Erde stigmatisieren. Die Schöpfungskrise ist ein Signal, das vom Volk Gottes gehört bzw. gesehen und aus christlicher Perspektive gedeutet werden muß. Wenn sich die Kirche in Treue auf die ihr anvertraute — umweltfreundliche — biblische Botschaft besinnt und sie der Welt verkündet, dann leistet sie einen spezifisch christlichen Beitrag zur Bewältigung der Umweltkrise und nimmt eine echt „öko-diakonische" Funktion wahr; das meint „Dienst" (= Diakonie) an der Erhaltung des „Hauses" (= Öko) Erde. Christen kommt eine umwelt-ethische Schlüsselstellung zu. Die Menschen erwarten, daß die Kirche sowohl ihre „ökologische Ansicht" formuliert als auch ihre „ökologische Tat" leistet. Sie halten nichts von „Leisetreterei" und Flucht in lediglich theoretische Überlegungen und unverbindliche Reflexionen. Was sie aber vor allem erwarten, ist der spezifisch kirchliche Beitrag, die unverwechselbar christliche Position. Wenn die kirchliche Stellungnahme sich nicht wesentlich von der anderer, außerkirchlicher Gruppen abhebt, ist sie uninteressant. Kirchliches Engagement in Fragen des Umweltschutzes muß einen eigenen „Geist" atmen und ein unverwechselbares Kolorit aufweisen.

1. Was tut die Kirche?

Überflüssig, ja schädlich ist die Einmischung der Kirche, wenn sie in der Gesellschaft gerade gängigen Trends und schicken Moden ihren Tribut zollt; denn wer mit dem Evangelium betraut ist, redet „nicht um Menschen zu gefallen, sondern Gott" (1 Thess 2,3f). Das Motiv wehmütiger Nostalgie nach idyllisch heiler Natur soll sie Naturaposteln und romantischen Schwärmern überlassen. Das Motiv der „Alternativen" um ihrer selbst willen mag sie „alternativen Bewegungen" einräumen. Sollte die Kirche gar um jeden Preis auf der gerade als „progressiv" geltenden „grünen Ökowelle" mitschwimmen wollen, dann verrät sie ihre Identität und Glaubwürdigkeit. Jedenfalls würde sie sich am falschen Platz engagieren, wenn sie mit jenen kooperierte, die das ehrenwerte Anliegen des Umweltschutzes vortäuschen, um ganz andere Ziele zu verfolgen, z.B. die Erschütterung der demokratischen Verfassung und Grundordnung. An der falschen Front befinden sich Christen auch dort, wo eher ein Vogel als ein Mensch vor Vernichtung sicher sein kann.

Im einzelnen sollte die Kirche u.a. folgende „öko-ethische Dienste" leisten:

Die aus den „Ressourcen" der Glaubensbotschaft schöpfende Kirche hat die Aufgabe, das ökologische Gewissen der Menschen zu bilden und für die sittliche Verpflichtung zum Umweltschutz zu sensibilisieren. Die Kirche hat eine *öko-ethische „Vordenker-Funktion"* zu erfüllen, sofern sie ihr Wissen um den Wert der Schöpfung mit ihren in langer Tradition gewachsenen ethischen Normen verbindet. Der Kirche kommt eine geistige, ethische, spirituelle Führungsrolle zu; schließlich sind die Sachfragen des Umweltschutzes „zugleich auch Sinnfragen" (A. Dick). Eine Kirche, die vom Neuen Testament her weiß, was „Umkehr" bedeutet, muß der Gesellschaft bei der Einübung des erforderlichen Umden-

kens behilflich sein. Christen sind fähig und deswegen verpflichtet, der Welt ein öko-ethisches Zeugnis zu geben. Kirchliches Vor-Denken muß zum kirchlichen Vorleben werden. Zur kirchlichen Kompetenz gehört es nicht, in einzelnen technologischen und wirtschaftlichen Sachfragen (z.B. biologische Ursachen des Waldsterbens, chemotechnische Schadstoffbelastung, Kernreaktorsicherheit usw.) konkrete Anweisungen zu erteilen.

Bei der universitären *Theologenausbildung* und im Religionsunterricht sämtlicher Schularten müssen die ökologisch relevanten Themen Schöpfung und Kardinaltugenden ausführlicher als bisher behandelt und — abzuprüfender — Pflichtstoff werden.

Der *Beichtspiegel* muß um umwelt-ethische Gebote bzw. Verbote erweitert werden. Da wären gerade beim 5. Gebot, das den Schutz des Lebens als sittliche Pflicht formuliert, Ergänzungen anzubringen: Persönliche Gesundheitsvorsorge und Tierschutz. Konkret: bewußte Ernährung; gezielte Auswahl der Le-

bensmittel; Vermeidung der akustischen Umweltbelastung Lärm. Betroffene sollten ihr Gewissen erforschen, ob der „Genuß" von Nikotin und einer Discomusik, die meist mörderischen Lärm erzeugt, nicht mit dem 5. Gebot in Konflikt bringt. Ob es also so überzeugend wirkt, wenn in kirchlichen Jugendheimen der Konsum von Rauchwaren und Discomusik nicht viel anders aussieht als in „weltlichen" Räumen? Wird das Gebot des Tierschutzes bzw. das Verbot der Tierquälerei ernstgenommen, wenn kosmetische Luxusprodukte benutzt werden, die es nur deswegen gibt, weil Tiere dafür schwere Qualen erleiden?

Liturgische Bräuche wie Flurprozessionen, Kräuterweihe, Tiersegnungen, kultische Bedeutung von Brot und Wein bieten geeignete Anlässe, den Sinn natürlicher Schöpfungsgaben zu vermitteln. Am Erntedankfest hat die Kirche besonderen Grund, die Natur als von Gott geschaffene großzügige Spenderin von Leben und Lebensmitteln zu feiern. Feldkapellen und Feldkreuze mit der Inschrift „Gott schütze die Fluren" sind ein ökologisches Evangelium. An solchen Stätten sollten zu geeigneter Zeit Gottesdienste, Andachten oder Meditationen gehalten werden.

In der kirchlichen *Erwachsenenbildung* muß die ökologische Thematik breiten Raum einnehmen. Auch deswegen, weil die Eltern informiert und motiviert werden sollen, damit in der Familie ökologisches Ethos vermittelt und umweltbewußtes Verhalten eingeübt werden können. So wird die Familie als „Kirche im kleinen" zu einem kleinen, aber fundamentalen Schulungszentrum für Umweltbewußtsein, wo Training für verantwortlichen Umgang mit der Schöpfung stattfindet.

Von der Kirche getragene *Akademien* und *Volkshochschulen* müssen in ihren Veranstaltungen (Foren, Kursen, Vorträgen, Diskussionsrunden) dem Umweltproblem einen erstrangigen Stellenwert einräumen. Es genügt nicht, lediglich bei einem besonders aktuellen Anlaß (Bau eines Kernkraftwerks, Planung einer Autobahn, Erweiterung eines Flughafens) ein Symposion zu veranstalten; vielmehr sollte sich kirchliche Bildungsarbeit gerade dadurch auszeichnen, daß sie das Umweltthema über journalistische Tagesaktualität hinausführt und als das deutlich macht, was es ist: ein Thema von Dauer, von brennender Aktualität und bedrängender Zukunftsträchtigkeit.

Welches Thema wäre geeigneter für die *ökumenische Zusammenarbeit?* Den beiden großen christlichen Kirchen steht hier ein großes theoretisches und praktisches Betätigungs- und Bewährungsfeld offen. Unterschiedliche Einschätzungen einzelner Details sollten nicht den entscheidenden „ökumenischen Öko-Konsens" verdecken, das Bewußtsein: Beim Umweltschutz geht es um Schutz von Schöpfung; evangelische und katholische Ethik haben einen maßgeblichen Beitrag einzubringen.

Dialog mit Gruppen, Verbänden und Initiativen, die redliches Engagement für Umwelt- und Naturschutz bekunden. „Berührungsängste", die zum Teil verständlich sind, müssen durch Gespräch und persönliche Begegnung überwunden werden.

Der Kirche obliegt die *Aufgabe,* streitende Gruppen *zu versöhnen* und bei schweren Konflikten vermittelnd tätig zu werden. Dem ökologischen Anliegen erweist die Kirche einen Dienst, wenn sie verhindert, daß Umweltschutz zu einer Ersatzreligion wird, daß Auseinandersetzungen zum Glaubenskrieg entarten, der zur Gewaltanwendung führt und am Ende demokratische Grundstrukturen aus den Angeln hebt.

2. Was kann die Gemeinde, was kann ich tun?

Der einzelne Gläubige und die Pfarrgemeinde können das theoretische Wissen um die Bedrohung der Umwelt und um Möglichkeiten ihrer Rettung in *konkretes, verantwortliches Alltags-Verhalten* umsetzen, wo sich christliche Ethik in dieser und für diese Welt bewährt. Dazu zählt:

— Bildung von Arbeitskreisen „Bedrohte Schöpfung";

— Sparsamer Einsatz von Wärme- und Beleuchtungsenergie in kirchlichen Räumen. Pfarreien und christliche Gemeinschaften sollten ein „genaues Energieprogramm aufstellen für die Heizung, Beleuchtung"[25];

— Wassereinsparung durch Sammlung des Regenwassers, das zum Gießen und sonstigen Gebrauch dienen kann;

— Verwendung von Umweltschutzpapier im kirchlichen Verwaltungsbereich;

— Möglichst naturnahe Gestaltung der Umgebung des Kirchengebäudes durch: Begrünung, Blumenbeete, Sträucher, Bäume usw.;

— Säuberung kirchlicher Räume möglichst mit biologisch abbaubaren Reinigungsmitteln;

— Vergabe kircheneigener Liegenschaften vorzüglich an solche Interessenten, die sich bei der landwirtschaftlichen Nutzung der Methode des „integrierten" Pflanzenschutzes und Ackerbaus bedienen. Das gilt auch für Weinberge, wo Pestizideinsatz und Nitratbelastung möglichst ganz zu vermeiden sind;

— Aufkauf von Flächen, die ökologisch genutzt werden. Warum sollte nicht auch die Möglichkeit ins Auge gefaßt werden, daß Gemeindemitglieder auf freiwilliger Basis

ein bestimmtes Naturschutzgebiet betreuen?

— Der kirchlichen Gemeinde ist zu empfehlen, Müllmengen so gering wie möglich zu halten, Problemmüll (Batterien, Medikamente, Aluminium, Stanniolpapier usw.) vorzusortieren, Glas in eigens aufgestellte Container zu bringen;

— Bei Gemeindefesten Verzicht auf Einwegpackungen, auf Plastik- und Pappgeschirr;

— Einladung zu Spaziergängen und Wanderungen, um Gelegenheit zu Naturerlebnissen zu geben, sei es in freier Landschaft oder auf Naturlehrpfaden;

— Werben für „Ferien auf dem Bauernhof", damit vor allem städtische Familien die Chance bekommen, Landleben kennenzulernen und sich in natürlicher Umwelt zu erholen;

— Alle Gemeindemitglieder, zumal Teilnehmer des Religionsunterrichts, kirchlicher Gruppen, Ministranten sollten angehalten werden, bei Umweltsäuberungs- und Baumpflanzaktionen mitzumachen, um so eine Art „ökologischen Arbeitsdienst" zu leisten;

— Prüfung der Möglichkeit eines (ökologischen) Praktikums der Theologiestudenten, bei dem z.B. im landwirtschaftlichen bzw. forstlichen Bereich ökologische „Front"-Erfahrungen gesammelt werden können;

— Ausstellungen und Filmvorführungen, z. B. zum Thema Waldsterben;

— Bildung von Fahrgemeinschaften zum Gottesdienst, zur Arbeitsstelle, zum Einkauf;

— Christbaum — ja oder nein? Nach Erkenntnissen von Forstexperten wird das Waldsterben nicht dadurch gestoppt, daß wir dem Weihnachtsbaum Adieu sagen; vielmehr trage es zur Gesundung und Vitalität des Waldes bei, wenn „gelichtet" wird und eigens dafür bestimmte Weihnachtsbaum-Kulturen in Anspruch genommen werden. Der in die Kirche und die Wohnung geholte und liebevoll (nicht aufwendig oder gar protzig) geschmückte Tannenbaum soll ein Mahnmal der Besinnung auf unsere christliche Verantwortung für Waldschutz sein. „Frieden *auf* Erden" gewinnen wir nur dann, wenn wir zum Frieden *mit* der Erde finden;

— Einladung zur „automobilen Askese" — autofreie Sonntage. Kirchliche Gemeinden sollten zur „automobilen Askese" bereit sein, nicht nur an einem eventuell staatlicherseits empfohlenen „autofreien Sonntag", sondern auch an „gewöhnlichen" Sonntagen. Könnte die Sonntagsgestaltung nicht gerade dadurch gewinnen, daß — freilich unter zumutbaren Entfernungsbedingungen — der Weg zum Gottesdienst zu Fuß zurückgelegt wird?

— Abstandnehmen vom Gebrauch des Autos hat einen zweifachen Sinn: Entlastung der Umwelt von Schadstoffen und Lärm — Freisetzung zur persönlichen Begegnung mit den Mitmenschen. Ein der Muße und dem Kult geweihter Sonntag gewinnt an Feierlichkeit und Festlichkeit, wenn Zeit zur im geschäftigen Werktag verdrängten Besinnung genommen wird;

— Einführung eines „Öko-Sonntags", z.B. am ersten Sonntag des Monats Mai oder an jenem Sonntag, der dem Erntedankfest im Oktober folgt. An einem solchen Sonntag sollte der Gottesdienstbesuch autofrei und die Predigt dem Thema Schöpfung gewidmet sein. Im Anschluß an die Eucharistiefeier bietet sich ein themenbezogenes Gespräch im Pfarrheim an. Nachmittags könnten interessierte Gemeindemitglieder eine Naturbegehung machen und das Ganze gegen Abend mit einem geselligen Beisammensein beschließen. Derartige Gestaltung eines Sonntags hätte vor allem einen „Demonstrationswert"; er sollte nämlich konkret den Beweis liefern, daß ein auto- und fernsehfrei gefeierter Tag des Herrn nicht weniger, sondern mehr an Wohlbefinden und Zufriedenheit einbringt.

3. Was kann ich — der einzelne — tun? Konkrete Tips

— Sparsamer Umgang mit Wärmeenergie: Bereitschaft, grundsätzlich auch das Wohnzimmer nicht zu überheizen, selten benutzte Räume kaum oder gar nicht zu beheizen, durch Installation von Isolierungstechniken an Fenstern und Türen den Heizaufwand zu dämmen, Beleuchtung bei Nichtbedarf auszuschalten;

— Vermeidung verschwenderischen Verbrauchs von Wasser — eher Inanspruchnahme der Dusche als eines Vollbades — Garten nicht mittags sprengen;
— Bekämpfung der Wegwerfmentalität — Zurückhaltung gegenüber übertriebenen Luxusmoden und der Installierung eines ganzen Haushalts-Parks stromfressender Apparate;
— Verantwortlicher Umgang mit Abfall: Müll möglichst überhaupt vermeiden; anfal-

Beim Energieverbrauch

Energiesparen — besser sollte man von rationeller Energieverwendung sprechen — ist nicht gleichzusetzen mit Einschränkung des Lebensstandards oder Verzicht auf Komfort. Vielmehr geht es darum, unnötigen Energieverbrauch zu vermeiden und vermeidbare Verluste bei der Energieerzeugung, beim Energietransport und beim Verbrauch nach und nach abzubauen.

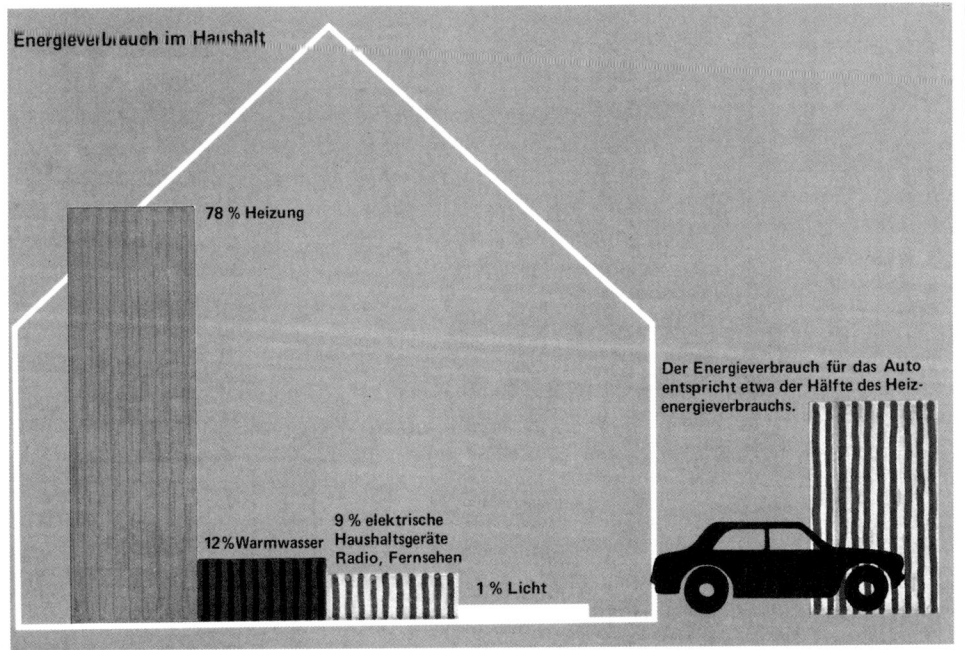

Energieverbrauch im Haushalt

78 % Heizung

12 % Warmwasser

9 % elektrische Haushaltsgeräte Radio, Fernsehen

1 % Licht

Der Energieverbrauch für das Auto entspricht etwa der Hälfte des Heizenergieverbrauchs.

lenden Müll sortieren: Trennung von organischen Abfällen, Glas und Metall (Altglas und Altpapier gehören nicht in die Mülltonne, sondern in den Altglas-Container bzw. zur Altpapiersammlung); Problemmüll verlangt besondere Beseitigung bzw. Rückgabe an entsprechende Geschäfte, Apotheken; das Anlegen wilder Mülldeponien muß verhindert, der Altstoffrücklauf (Recycling) verbessert werden;

— Verzicht auf überflüssige Verpackung, auf Spraydosen mit Fluorwasserstoffen als Treibgas (das sehr wahrscheinlich die Ozonschicht unserer Atmosphäre schädigt);

— Bevorzugung umweltschonender (weil abbaufähiger) Waschmittelprodukte; Benutzung Wasser- und Reinigungsmittelsparender Waschmaschinen; wohldosierte Anwendung von Spülmitteln und

anderen „Saubermachern";

— Einschränkung des Autofahrens — Bevorzugung der Bahn und anderer öffentlicher Verkehrsmittel (Bus, Tram); Bereitschaft zur Geschwindigkeitsbegrenzung — Einsatz umweltfreundlicher Autotechniken — Abstellen des Motors an Bahnschranken; Umweltfreundlichkeit durch optimale Fahrweise und günstige Vergasereinstellung;

— Im Garten ein Refugium für ursprüngliche Natur schaffen — Verzicht auf chemische Unkrautbekämpfung — Gartenwege nicht zubetonieren;

— Engagierte Mitarbeit in Umwelt- und Naturschutzgruppen;

— Gezielte Information über ökologische Probleme und Verbreitung der erworbenen Kenntnisse.

Ausblick

Die Krise unserer Umwelt ist keine Hypothese oder theoretische Formel, sondern ein eminent geschichtliches Ereignis: Erklärbar wird es beim Rückblick auf die *Vergangenheit,* in der sich im Laufe der industrietechnischen Entwicklung die umweltbelastenden Fakten verstärkt haben. Bewußt wird uns die Krise in den vielfachen ökologischen Bedrängnissen (Verschmutzung der Luft, Gefährdung des Wassers, Strahlengefährdung durch Atomenergie, Landschaftsverbrauch, Abfallberge, Aussterben zoologischer und botanischer Arten, Bedrohung des Waldes und des Bodens) der *Gegenwart.* Schließlich ist sie eine Herausforderung und globale Sorge für die *Zukunft.* Das Umweltproblem wird immer mehr zum Überlebensproblem. Es erfordert höchste Aufmerksamkeit und verlangt unbarmherzig nach Lösungen. Die Annahme, auch das ökologische Thema komme, wie vieles andere, früher oder später aus der Mode, kann nur utopische Wunschvorstellung sein. Deswegen müssen sämtliche heilenden Kräfte mobilisiert werden, um die über das Jahr 2000 hinaus bestehende Herausforderung zu bewältigen, um den Prozeß der „Erschöpfung der Schöpfung" zu stoppen, zumindest um ein fatales Abdriften der ökologischen Krise in die ökologische Katastrophe zu verhindern. Die Rettung der Umwelt verlangt von allen Bewohnern des Hauses Erde, d.h. von allen Nutznießern des ökologischen Systems, den Einsatz aller Kräfte. Naturwissenschaftliche Forschungen, technologische Innovationen, ökonomische Alternativen, gesetzliche Regelungen, politische Maßnahmen reichen nicht aus. Was wir unbedingt brauchen, ist die Ausbildung der ethischen und ästhetischen Sensibilität für Eigenwert und Schönheit des natürlichen Lebensraums. Er muß als uns anvertraute Umwelt zu einer menschenwürdigen Behausung und irdischen Wohnstätte ausgebaut werden. Auf dem Weg zur Bewältigung der ökologischen Krise müssen folgende drei Phasen durchschritten werden:
— Vertiefung des ökologischen Wissens,
— Schärfung des ökologischen Gewissens,
— Einübung vorbildlicher Praxis des Umweltschutzes.
Der Weg der fälligen Kurskorrektur verläuft von der sachlichen Information über die ethische Reflexion zur praktischen Aktion.

Anmerkungen

[1] H. Gruhl, Vorwort zu E. Guhde, Natur und Gesellschaft, Essen 1984, 7.

[2] Vgl. B. Commoner, Wachstumswahn, München 1973, 266.

[3] G. Weiser, Landwirtschaftsminister des Landes Baden-Württemberg: Berichte aus der Flurbereinigung 52/1984. Hg. vom Bayer. Staatsministerium für Ernährung, Landwirtschaft und Forsten, München 1984, 56b.

[4] Die historischen Wurzeln unserer ökologischen Krise, in: F. S. Schaeffer, Das programmierte Ende, Wuppertal 1973, 88.

[5] Zukunft der Schöpfung — Zukunft der Menschheit I,3 — Erklärung der Deutschen Bischofskonferenz 1980. Abgek.: ZS.

[6] A. Schopenhauer, Die Welt als Wille und Vorstellung I, Bd. 1, Zürich 1877, 232.

[7] Geopsyche, Stuttgart 1965, 168.

[8] In: Ästhetik oder Wissenschaft des Schönen, hg. von F. Th. Vischer, [2]1922/23, 5, 399.

[9] H. Magel, Schutz der Umwelt in der Bayerischen Verfassung. Bedeutung und Konsequenzen für die Flurbereinigung; in: Mitteilungsblatt Dt. Verein für Vermessungswesen Heft 1 (1985), 11.

[10] H. Sachsse, Technik und Verantwortung, Freiburg 1972, 122.

[11] Gemeinsamer Brief der katholischen und evangelischen Bischöfe in Baden-Württemberg zur Kernenergie, in: P. Schäfer, Herausforderung zur Umkehr, Hildesheim 1984, 57.

[12] M. Rock, Art. Technik, in: Wörterbuch der ökologischen Ethik, hg. von B. Stoeckle, Herderbücherei Bd. 1262, Freiburg 1986, 122.

[13] Kommissariat der deutschen Bischöfe 1977, Stellungnahme zur Energienutzung, in: Schäfer, aaO. 30.

[14] Kardinal J. Höffner, Vorsitzender der Dt. Bischofskonferenz, Rede vor der Vollversammlung der Dt. Bischofskonferenz in Fulda (1980), in: Schäfer, aaO. 39.

[15] Gemeinsame Erklärung der Bischöfe von Luxemburg, Metz und Trier: KNA Nr. 9, 7.6.1986.

[16] Vgl. Gemeinsame Erklärung des Rates der Evangelischen Kirche in Deutschland und der Dt. Bischofskonferenz, Verantwortung wahrnehmen für die Schöpfung, Köln 1985, 29.

[17] Vgl. B. Stoeckle, Art. Atom, in: Wörterbuch der ökologischen Ethik, aaO. 25.

[18] Stoeckle, aaO. 26.

[19] J. Kardinal Höffner, Interview mit der Illustrierten Quick, 19. Juni 1986, 101.

[20] Funkkolleg Praktische Philosophie, Studienbegleitbrief 6 (1981), 68.

[21] A. Dick, Schöpfung und Natur, München 1984, 78.

[22] Hirtenbrief der Schweizer Bischöfe zum Thema „Energie und Lebensstil", September 1978.

[23] L. Erhard, Wohlstand für alle, Gütersloh 1962, 140.

[24] In: Technik und Gewissen, hg. von W. Ockenfels, Köln 1985, 13.

[25] Schweizer Bischöfe, Energie und Lebensstil, aaO.

Sonstige verwendete und weiterführende Literatur

Altner, G., Manifest zur Versöhnung mit der Natur, Neukirchen 1984

Altner, G., Schöpfung am Abgrund, Neukirchen 1974

Briefe des Fr. Petrarca, 1931

Cobb, B., Der Preis des Fortschritts, München 1972

Dick, A., Schöpfung und Natur, München 1984

Hildegard von Bingen, Quellen des Heils, Salzburg 1982

Hoeres, W., Th. W. Adornos „Kritische Theorie", in: Katholische Bildung 11/1984

Johannes Paul II., Enzyklika Redemptor Hominis, Vatikan 1979

Jonas, H., Das Prinzip Verantwortung, Frankfurt 1979

Klages, L., Mensch und Erde, Stuttgart 1965

Lehmann, K., Vergißt die Kirche die Schöpfung ihres Herrn? Aktuelle Information 37, hg. vom Bischöflichen Ordinariat, Mainz 1984

Liedke, G., Im Bauch des Fisches, Stuttgart 1979

Meadows, D., Die Grenzen des Wachstums, Stuttgart 1972

Mislin H./Latour, S., Franziskus, Der ökumenisch-ökologische Revolutionär, Berg 1982

Ratzel, Fr., Über Naturschilderung, 1968

Ratzinger, J., Technische Sicherheit als sozialethisches Problem, in: Theologisches Jahrbuch 1984, Leipzig 1984

Renker, J., Umweltfeindliche Moral?, in: Theologie der Gegenwart 22/1979

Schumacher, E.F., Es geht auch anders, München 1974

Siegwalt, G. (Hg.), Nature menacée et Responsabilité chrétienne, Strasbourg 1979

Späth, L., Interview, in: Stern vom 13.9.1984

Spranger, Th., Philosophie und Psychologie der Religion, Tübingen 1974

Zimmermann, Fr., in : Westfälisches Volksblatt vom 24.5.1985

Quellennachweis

Abbildungen: S. 12: Christof Sonderegger, Rheineck; S. 14: Kluyver/present; S. 15: KNA; S. 18: Hartmut W. Schmidt, Freiburg; S. 20: Mit freundlicher Genehmigung des Bundesministeriums für Ernährung, Landwirtschaft und Forsten, Bonn; S. 23: Presse- und Informationsdienst der Bundesregierung/Bundesbildstelle Bonn (Foto: Klaus Lehnartz); S. 24: Globus Kartendienst GmbH, Hamburg; S. 27: Vollmer/present; S. 30: Werner H. Müller, Stuttgart; S. 31: aus: Zahlenbilder, Erich Schmidt Verlag; S. 34: Mit freundlicher Genehmigung des Bundesministeriums für Ernährung, Landwirtschaft und Forsten, Bonn; S. 38: Hartmut W. Schmidt; S. 43: Genesisbild. Bibel aus Moutier-Grandval, London, British Library, Add. Ms. 10546, fol 5v.; S. 47: Vollmer/present; S. 48: Werner H. Müller; S. 51: Franziskus predigt den Vögeln. Fresko in S. Francesco zu Assisi (um 1236); S. 56: Roland Peter Litzenburger, „Mich dürstet nach reinem Wasser"; S. 60: Werner H. Müller; S. 62: „Knabe von Marathon", Bronzestatue aus dem Meer bei Marathon; S. 66: Christof Sonderegger; S. 69: Werner H. Müller; S. 70: Werner H. Müller; S. 72: Werner H. Müller; S. 73: Christof Sonderegger; S. 74: Globus Kartendienst GmbH, Hamburg; S. 78: Christoph/present; S. 79: aus: Bescheidwissen — Mitreden. Daten und Fakten zur Energieversorgung. Hg. vom Bayerischen Staatsministerium für Wirtschaft und Verkehr. S. 80: Kernkraftwerk in Gundremmingen/Bayern, Werner H. Müller; S. 82: aus: Bescheidwissen — Mitreden. Daten und Fakten zur Energieversorgung. Hg. vom Bayerischen Staatsministerium für Wirtschaft und Verkehr. S. 84: aus: Bescheidwissen — Mitreden; S. 88: aus: Bescheidwissen — Mitreden; S. 90: Presse- und Informationsdienst der Bundesregierung/Bundesbildstelle Bonn; S. 93: natur/Albrecht Rissler; S. 94 natur/Albrecht Rissler; S. 96: Vollmer/present; S. 97: Globus Kartendienst GmbH, Hamburg.; S. 101: Globus Kartendienst GmbH, Hamburg; S. 102: Werner H. Müller; S. 103 Stark/present; S. 104: Pflaum/present; S. 105 Voss/present; S. 106: Christof Sonderegger; S. 109: Heinemann/present; S. 111: aus: Zahlenbilder, Erich Schmidt Verlag; S. 112: aus: Zahlenbilder, Erich Schmidt Verlag; S. 114: Christof Sonderegger; S. 116: Stark/present; S. 118: aus: Bescheidwissen — Mitreden; S. 119: Christof Sonderegger.

Text: S. 54: „Die Arche wartet", aus: Bernos de Gasztold, Gebete aus der Arche, Mainz, 13. Aufl. 1982.

In der Reihe „Sachbücher zu Fragen des christlichen Glaubens" sind bisher erschienen:

Karl-Heinz Ohlig
Die Welt ist Gottes Schöpfung
Kosmos und Mensch in Religion, Philosophie und Naturwissenschaften
Mit zahlreichen, zum Teil farbigen Abbildungen
172 Seiten. Pp.

Der Leser spürt von Anfang bis Ende, daß hier nicht nur in einer vorzüglichen, gut lesbaren Weise wesentliche, sorgfältig ausgewählte Informationen vermittelt werden, sondern daß dahinter eine klare und äußerst hilfreiche Konzeption steht, die es dem Leser erleichtert, zu einem eigenen Standpunkt zu finden, ohne irgendwie manipuliert zu werden. Ganz unzweifelhaft zählt dieses Sachbuch zu einer der besten Darstellungen dieses Themenkreises.

Theologische Literaturzeitung

Norbert Scholl
Gott ist immer größer
Wege der Gotteserfahrung heute
Mit 4 vierfarbigen und zahlreichen s/w Abbildungen
164 Seiten. Pp.

Allen, die sich meditativ und ernsthaft fragend christlichen (und auch jüdischen) Gottesvorstellungen nähern wollen, ist hier ein Sachbuch an die Hand gegeben, das sowohl Ursprüngen alttestamentlicher Gotteserfahrung nachgeht als auch Fragestellungen unserer Zeit aufgreift und Perspektiven eines modernen, christlich geprägten Weltverständnisses aufzeigt.

ekz-Informationsdienst

Matthias-Grünewald-Verlag · Mainz